Los ángeles guardianes de los niños índigo y cristal

Los ángeles guardianes de los niños índigo y cristal

María Luisa López Castro

*Los ángeles guardianes de
los niños índigo y cristal*
© María Luisa López Castro

D.R. © 2007 Editorial Lectorum, S.A. de C.V.,
Centeno 79-A, Col. Granjas Esmeralda
C.P. 09810, México, D.F.
Tel.: 55 81 32 02
www.lectorum.com.mx
ventas@lectorum.com.mx

L.D. Books
8313 NW 68 Street
Miami, Florida, 33166
Tel. (305) 406 22 92 / 93
ldbooks@bellsouth.net

Primera edición: mayo de 2007
ISBN 13: 978-1506-119731

Características tipográficas aseguradas
conforme a la ley. Prohibida la reproducción parcial
o total sin autorización escrita del editor.

Introducción

A mis niños índigo: María Luisa,
Gabriela, Andrea y Carlos

Las antiguas escrituras refieren hechos sobrenaturales que nos han maravillado generación tras generación. Entre estos sucesos se relata cómo descendieron a este mundo seres luminosos que establecieron comunicación con los humanos, a su vez facultados para absorber la sabiduría de aquellos personajes de luz, reconocidos finalmente como los ángeles.

Desde las Edades de Oro existían tales seres excepcionales, capaces de ver todo a su manera, compasivos y profundamente sensibles a las enfermedades o a la muerte de los seres queridos.

Los ángeles han transmitido sus conocimientos a través de los tiempos, y sólo quienes están capacitados para recibir sus enseñanzas pueden expresarlas; son almas que han venido reencarnando a lo largo de los siglos eligiendo mentes especiales y cuerpos que asimilen información codificada, como es el caso de los niños índigo.

Desde tiempos remotos se hablaba de Lemuria y de la Atlántida, consideradas civilizaciones poderosas y sabias. Ambas han ejercido una gran fascinación sobre los que creen en su existencia. Otros demasiado incrédulos califican la Atlántida como una fantasía. Sin embargo, algunos autores modernos manifiestan que en aquellas civilizaciones, especialmente en la Atlántida, sus moradores rebasaban la tecnología de nuestro joven siglo XXI, y que se trataba de los niños índigo, poseedores de una inteligencia calificada como un aditamento de sabiduría que sólo los grandes genios poseen.

Los niños índigo exigen que se les escuche y se les explique, en forma muy objetiva, lo que quieren saber. Se ha investigado sobre ellos y científicamente se ha confirmado el cambio que aportan. Su caracterización biológica se explica por una activación de 4 códigos más de ADN, con 64 patrones diferentes, a diferencia de los humanos en general, que tenemos 20 de esos códigos activados que proporcionan una completa información genética.

Maria Dolores Paoli, especialista en el tema, afirma que los niños índigo son un puente entre la tercera y la cuarta dimensión. El verdadero cambio, explica, lo activan en la familia, en el hogar, sus ámbitos de vida más cercanos. La Universidad de California ha estudiado este fenómeno y algunos experimentos han consistido en mezclar células de niños índigo con dosis letales de virus de sida y células cancerosas, para comprobar que éstos no tuvieron efecto alguno en las células de los infantes. Se asevera que estos pequeños ya vienen preparados para enfrentar cualquier tipo de enfermedad y resultan inmunes hasta ante las más peligrosas. Para la especialista Paoli, los niños índigo nacen en cualquier lugar y en este asunto no interviene la diferencia de clases. Pueden formar parte de familias pobres o ricas. Ellos llegan a este mundo mostrando, sea cual sea el lugar o el tiempo, su estado de conciencia superior.

Volviendo a la Atlántida, con excepción de los conceptos del sabio Platón, se dice que era una Tierra mítica. El filósofo griego siempre afirmó lo contrario y hasta dio datos de la ubicación de la Atlántida. Quienes exigen explicaciones lógicas no admiten las historias de la Atlántida, a la que juzgan como una ciudad de leyenda pero, como decíamos, los nuevos autores que creen en los postulados del esoterismo universal asumen que los niños índigo pueden ser almas antiguas con experiencia milenaria que vienen a ocupar puestos especiales para transmitir la sabiduría más antigua y tradicional como en la Atlántida y Lemuria, o la desarrollada por mayas, toltecas, egipcios e hindúes, que implantaron varias corrientes culturales en el mundo y crearon escuelas herméticas. La Atlántida, conocida como la Ciudad de las Puertas Doradas, era espléndida. Sus moradores poseían poderes sobrenaturales, entre ellos la clarividencia y la telepatía.

De acuerdo con el investigador Scott Elliot, banquero y antropólogo que escribió la historia de la Atlántida y la Lemuria perdida, antes de la catástrofe que llevaría a la desaparición de ambas llegaron a aquellos lugares de belleza incomparable seres superiores procedentes de Venus, quienes enseñaron a sus habitantes las artes de la metalurgia, la agricultura y la arquitectura a gran escala. Respecto a los toltecas, para orgullo nacional, también asimilaron la sabiduría venusina, y su mente altamente evolucionada no era inferior a la de los egipcios. Los toltecas, sobrevivientes del diluvio, fundaron una civilización poderosa, mental y tecnológicamente. Scott Elliot afirmaba que conocían la aviación y que utilizaban aparatos de propulsión a chorro, de potencia limitada, por lo que los pilotos no podían volar sobre las montañas y tenían que rodearlas. Dotados de poderes extrasensoriales, practicaban además las artes mágicas. Sin embargo, la autosuficiencia y el orgullo personal eran para ellos pruebas de fuego, y después de haberse convertido en hombres sabios comenzó a invadirlos la vanidad. Esa raza de hombres de gran poder mental había logrado despertar sus *chakras* (centros de poder de la cabeza al perineo, ubicados a escasos centímetros del sistema glandular y en forma de discos que giran lentamente o con mayor rapidez de acuerdo con la personalidad individual. Si uno de esos centros es elevado gira a mayor velocidad, y si no lo es el disco va girando lentamente). Estos *chakras* que forman parte importante de la tradición hinduista, se hallan en el cuerpo psíquico.

Algunos de estos súper hombres comenzaron a dejarse atrapar por el espejismo de los deseos materiales, fueran sexuales o de dinero, los cuales representaban un gran atractivo para ellos y su fuerza de voluntad no alcanzó a rechazarlos. Entonces, en lugar de elevarse a la sabiduría sagrada, iniciaron el viaje al inframundo.

Así, lo que se manifestaba en ambiciones desenfrenadas y sistemas políticos corruptos los llevó a una caída. Fue cuando llegó el diluvio que acabó con aquellos paraísos de felicidad y bienestar espiritual.

Lo que permanece en la mente colectiva, no obstante, no se borra con las muertes físicas. El talento de los atlantes y los lemurianos ha resurgido en otras generaciones. No es de extrañar que la energía de esas personas dotadas de una gran inteligencia se haya plasmado en otros hombres y mujeres con características especiales. Desde que el mundo es mundo han brillado seres humanos en variadas actividades, preservándose un rico legado de los antiguos moradores. Por nombrar a algunos de ellos, pensamos en el arquitecto Gaudí, en Leonardo da Vinci, en Sor Juana Inés de la Cruz... En el apartado de niños índigo famosos, antiguos y modernos, mencionaremos a muchos más.

La labor espiritual y humanística de los ángeles

Todo lo que existe, incluyéndonos a nosotros como seres humanos, nace y muere. Los ángeles, sin embargo, han estado presentes en todo momento, en los espacios universales donde no hay principio ni fin. Ellos pertenecen a una escala muy diferente de lo humano. Dice la Biblia que las huestes angélicas han estado presentes en la infinitud de los sistemas cósmicos. Su misión siempre ha estado vigente, nunca termina en los espacios siderales que los humanos no alcanzamos a comprender ni con la más alta precisión de telescopios o mapas celestes.

Los ángeles comandan sistemas planetarios y construyen la cosmogonía estelar porque el universo siempre está en movimiento. Mientras los pueblos de la Tierra no entendamos estos misterios seguiremos padeciendo los innumerables problemas que nos afligen. Por ello las obras acera de los niños índigo son importantes y vitales, pues leearlas y comprenderlas elimina los caminos del error, y nos permite observar a nuestros también llamados niños índigo-cristal y distinguir a los que no manifiestan las cualidades que vamos a mencionar después.

En un apartado de este libro ofrecemos, asimismo, técnicas e instrucciones para que los niños que sufran de lento aprendizaje puedan elevarse mentalmente, por lo que aconsejamos a los padres, basándonos en conocimientos de los expertos, invocar la energía de los ángeles para la protección física de los niños y para elevar su conciencia.

Las características típicas de los niños índigo son descritas a fin de que los padres se vayan familiarizando con el concepto *índigo*, del que muchos no tienen ni la menor información. Conocer más sobre el tema les permitirá comunicarse con mayor facilidad con sus hijos y mirarlos como grandes seres espirituales que cambiarán para bien los destinos de la Tierra.

No sólo los padres deben de asimilar la idea de comprenderlos, sino también los maestros de enseñanza primaria y superior. Regaños y amenazas van minando la energía creativa de la mayoría de los niños. Los caducos sistemas de enseñanza deben revolucionarse.

En todo esto intervienen las leyes genéticas y kármicas: las costumbres de los padres, heredadas también de sus progenitores y abuelos, marcan mucho el destino infantil, lo que no siempre es conveniente.

La necesidad de despertar las conciencias colectivas

¿Cómo puede hacerse esto? A continuación se exponen bases sencillas y preliminares para saber conducir bien a los niños índigo, cristal y los que no estén catalogados como ellos.

Resulta discriminatorio señalar a los niños que supuestamente no son índigos o cristal. Parece absurdo que unos padres desordenados, con adicciones al alcohol y al tabaco, aparte de muchos otros defectos, como el desorden y el rencor, pudieran comprender las facultades de sus hijos, niños o jóvenes. Pero todo se puede superar si hay voluntad de cambiar para bien el núcleo de las familias. En todo el país, lo cual es muy afortunado, se ofrecen terapias contra el estrés, el tabaquismo, etcétera; también, para consuelo de la humanidad, hay infinidad de títulos de libros de autoayuda y superación personal.

Los comunicadores de la Nueva Era, con tareas semejantes a las de los antiguos evangelistas, llevan las buenas noticias de la superación personal y espiritual que van a cambiar los viejos moldes materialistas que han rezagado al hombre. Ahora se desea implantar la nueva tierra espiritual en la que se verá con naturalidad e inteligencia la comunicación angélica y se aceptarán los mandatos bíblicos que, escritos en metáforas, no siempre se pueden interpretar en forma correcta.

Quienes sean capaces de leer entre líneas que los Carros de Fuego de Enoc eran naves donde viajaban seres de luz enviados de las estrellas, concluirán que en realidad se trata de grupos de ángeles, cuya misión era ofrecer a la humanidad las dotes de superación para fundar Consejos de Sabios cuyas almas no tienen principio ni fin, que son eternas, quienes encarnarán en generaciones futuras para constituir la séptima raza de hombres elegidos, que según los doctos en esta materia está iniciando su paso con mayor fuerza en el continente Americano.

1. Niños índigo

Retrato y perfil de los niños índigo

Muchas personas nunca han oído hablar de los niños índigo ni cristal y, a pesar de tanta información sobre el tema, otras le restan importancia porque lo ven fuera de lo conocido; va más allá de lo que convencionalmente piensan. Los padres que se interesen y acepten abrir sus mentes a tan trascendental tema, contribuirán exitosamente al progreso de ellos mismos y de la humanidad en general.

Los niños índigo, como los niños cristal (de los que hablaremos en capítulo aparte), destacan por su inteligencia y la viveza que manifiestan desde que nacen. Los recién nacidos índigo, cristal y los que no están catalogados así (y esto ninguna mujer con hijos podrá negarlo) nombran a su madre y mantienen comunicación interna con ella. El llanto es la exigencia de atención. No hay mujer en el mundo que no acepte que sus niños, si no nacen enfermitos, saben cómo dominarla. Conforme van creciendo, expresan con toda libertad las cualidades que poseen los niños índigo destacados, los que se convertirán en líderes, artistas famosos, poetas, escritores, dramaturgos, bailarines o destacados cineastas, actores, científicos e investigadores. La lista es muy larga.

Tanto los benefactores de la humanidad, como las personas que trabajan para perjudicar al planeta y a sus habitantes, nacieron como pequeños ángeles inocentes, hermosos seres de pureza custodiada por nobles guardianes. Pero el ambiente y la saturación de ideas torcidas o sanas van transformando el destino de cada ser humano. Por ello es determinante la formación de los niños desde que llegan con los padres que las leyes naturales kármicas han elegido para ellos por profundas razones.

Si aquel ser que nace en una familia problemática trae consigo cualidades innatas y se sobrepone a los obstáculos que salen a su paso, puede confirmarse como un ser dotado de inteligencia que trae consigo un código de triunfo. Un espíritu experimentado en otras vidas. Así vemos que abundan hombres y mujeres de esta clase privilegiada.

Obligaciones que deben asumir los padres

Antes de emprender estas tareas que dignifican a los seres humanos, los padres deben autodiagnosticarse. Recordar su infancia. La clase de padres que tuvieron y cómo fueron tratados, para no incurrir en los mismos errores en los hijos que han procreado. Deben establecer la diferencia entre lo justo y lo injusto, buscando continuamente un equilibrio en la familia. Insistimos, si los padres sufren de adicciones al alcohol y al tabaco crearán esa pesadilla en sus hogares, imponiendo un ambiente de sufrimiento y los niños querrán seguir esos ejemplos. La responsabilidad que se tiene sobre los seres que se traen al mundo tendrá y creará conciencia en estos padres para tomar las terapias de autoayuda que son una bendición para los seres que sufren y que así se liberan de esas cadenas de dolor. Las parejas que deciden casarse ya no lo harán inconscientemente, aceptarán por su bien abrir sus conciencias a estas normas de conducta antes de dar ese paso de gran trascendencia que es crear una familia. La sociedad, en general, exige que los casados tengan hijos sea como sea, lo que parece ser una obligación social, pero que representa alta responsabilidad. Parejas que se casan sin siquiera conocerse y ven a los hijos como resultado de su unión. Esas costumbres pertenecen ya al pasado y las parejas deben asumir el compromiso que es educar a los niños para que no carguen con un destino de sufrimiento y destrucción.

¿Quiénes son?, ¿cómo son?

Las características de los niños índigo son las siguientes.

1. Un niño índigo se muestra muy diferente a los niños de generaciones pasadas. Ellos sienten que son merecedores de todo lo mejor que les pueda brindar este mundo y les parece ilógico que otras personas no compartan su forma de pensar tan avanzada, pues desde muy pequeños demuestran esas características.
2. No soportan que se les imponga autoridad y que no se les dé ninguna explicación. Los padres autoritarios pueden ser, en general, los que no ayuden a sus hijos a triunfar.

3. Les incomoda mucho seguir sistemas antiguos que no aportan nada a su deseo constante de ser creativos.

4. Son inquietos, están pensando siempre en cosas nuevas que les diviertan y les proporcionen información adecuada; son almas que van a constituir un cambio en la especie humana. Su pujanza y capacidad intelectual los inclinan a realizar avances en la conciencia colectiva de la humanidad. Entre sus misiones más importantes está la de abrir caminos hacia la espiritualidad.

Los niños índigo se convertirán en adultos con un futuro brillante. De hecho, estamos recibiendo cambios acelerados en todos los niveles, y la naturaleza se ha encargado de enviarnos a los emisarios del cambio. Son seres muy avanzados, porque vienen equipados con muchas cualidades, tanto biológica, mental y espiritualmente. Ya no se parecen en nada a las pasadas generaciones. Nos enseñan que hay que transformar las estructuras sociales, el núcleo familiar, la educación, y brindar todas las facilidades para manifestar el amor universal. Son pequeños educadores de generaciones pasadas, como los abuelos, pues ellos ya vienen capacitados para manejar el Play Station, la computadora, los videos, todo ello despierta en su imaginación nuevas perspectivas de vida.

Las maestras en los jardines de niños se quedan estupefactas al ver que sus educandos hablan a veces como personas mayores. Esa es la razón por la que en este libro se ha tratado sobre las civilizaciones antiguas, las edades de oro de las que hablan los griegos y los investigadores del pasado.

El color violeta, que representa espiritualidad, sabiduría, clarividencia, está ligado a las necesidades de los cambios que tanto necesita la raza humana. Sus portadores lo manifiestan mediante comportamientos diferentes, porque quieren romper los sistemas tradicionales que ya no funcionan, tanto los familiares como los educativos y sociales; hasta los artísticos, que están en duda, porque no tienen el nivel que estos niños desean. También algunos autores los denominan "niños azules", pero se ha elegido más el término índigo, que es violeta, porque su aura o campo energético tiende a reflejarse dentro de los tonos del azul, que también se llama añil. Ellos manifiestan la utilización de los centros energéticos superiores, de la base del ojo al cráneo, por lo que la frecuencia índigo es una cualidad que pertenece a una alta vibración espiritual y que no se ve con los ojos del cuerpo humano, sólo los videntes pueden captarlo. La expresión "niños índigo" proviene del color del aura, ese halo transparente que circunda el cuerpo de los santos y que hemos visto desde siempre. En el caso de estos niños tenemos que concederle una importancia capital. A mediados de los setenta, Nancy Ann Tappe escribió el libro *Entendiendo tu vida a través del color*. En su obra, la autora habla del violeta. Ella menciona los campos electromagnéticos, de colores y frecuencias, de donde nace el color de esos niños superdotados.

Los pioneros de los niños índigo

Los niños índigo siempre han existido, pero ahora, en la Nueva Era, se les ve de un modo más avanzado: se valoran sus dotes y facultades con mayor comprensión. Estos niños siempre han estado presentes pero no se había hecho ninguna investigación tan exhaustiva como la que se realiza actualmente sobre ellos. Muchos alcanzaron una fama que traspuso el tiempo, otros habrán quedado en el olvido y a muchos más no se les descubrieron sus capacidades.

Los famosos niños índigo en este mundo han sido Mahatma Gandhi, Einstein, Mozart, John Lennon, Sor Juana y muchos más que han realizado prodigios en su vida y cambios en la humanidad. Esta pléyade de niños índigo llega con más frecuencia al mundo desde fines de los años setenta y comienzo de los ochenta. Del noventa al noventa y dos su número empieza a incrementarse. Se considera que, en esta época, 90% de los niños menores de tres años son índigo. Estos niños vienen codificados en su interior con capacidades muy desarrolladas y poseen bellas cualidades psicológicas, emocionales, mentales y espirituales. Estos niños modernos se caracterizan por tener un nivel de inteligencia muy superior al que estamos acostumbrados y su manera de aprender es distinta, ya que utilizan una visión global y análoga de los conceptos. Reciben estímulos en forma múltiple.

Su inteligencia e inquietud los mueve a realizar varias actividades a la vez. Por ejemplo, mientras se les da una explicación ellos pueden estar jugando con algún objeto o subiéndose a cualquier lado, pero aun así son capaces de asimilar todo lo que se les ha explicado. Los niños índigo usan más el hemisferio derecho del cerebro, que enfatiza las emociones, la creatividad, la intuición y la actitud para todas las artes.

Generalmente son delgados, su mirada es profunda, como si en el momento quisieran hipnotizarnos. Como son inquietos y quieren estar descubriendo todo continuamente se aburren fácilmente y nada más se preocupan por lo que les interesa. Contestan como si fueran adultos y emiten sus opiniones sin temor a nada. Los castigos físicos y verbales pueden hacerles mucho daño. En estos casos lo mejor es dialogar con ellos antes de querer someterlos.

Son tremendamente curiosos, todo lo quieren saber y desean que se les expliquen hasta los más mínimos detalles. Se compadecen de todo y les gusta ayudar a las personas que sufren. El miedo no es parte de ellos; se sienten seguros. Los estudiosos de este fenómeno afirman que los niños índigo son portadores de armas poderosas para triunfar en todo lo que emprenden, razón por la cual se alejan de los miedos.

Existen muchos testimonios de que estos niños pueden ver auras y espíritus a su alrededor. Según las historias que muchos de ellos cuentan, sienten y perciben la presencia de los ángeles, especialmente la de su propio ángel guardián. Muchos de ellos afirman que han visto el espíritu de algunos familiares que ya han muerto. Las personas que se han dedicado a estudiar estos fenómenos afirman que los niños índigo tienen aptitudes desarrolladas y es común que hablen de experiencias clarividentes. La explicación científica es que los circuitos de los cerebros de estos niños están conectados con niveles delta.

Sus sueños extraordinarios les recuerdan mucho de sus vidas pasadas. Sin embargo, tienen cierta debilidad: por ser altamente sensibles pueden percibir hechos que les afligen, premoniciones de enfermedades de familiares, pleitos entre sus padres, etcétera. La cultura de los niños índigo es muy extensa. Los más destacados autores de libros sobre el tema exponen lo siguiente de este fenómeno: hay cuatro tipos diferentes de índigo, y cada uno tiene un propósito particular.

Uno: el índigo humanista

Seguramente este niño querrá abrazar una carrera que lo conecte con la sociedad, con los movimientos de vanguardia. También les puede atraer mucho la medicina, la abogacía, el comercio y las ciencias políticas. Su forma de ser es activa y también sociable. Les gusta hablar con toda la gente, son inquietos y desean que todo lo que hacen se consolide rápidamente. Esa continua prisa que tienen les hace a veces tropezarse con los muebles o con las paredes. En algunos niños su sistema inmunológico les ayuda a no sentir dolor, lo que también es un problema, porque el dolor previene de muchos males. Los padres de estos niños humanistas tienen que estar muy atentos a todas sus evoluciones y tratar de dominar la prisa e inquietud que los caracteriza.

Dos: el índigo conceptual

Estos niños se interesan más en proyectos que tienen que ver con objetos, y por ello se les facilitan las carreras de arquitecto, diseñador, piloto; también pueden dominar disciplinas como la milicia y la navegación. Pueden ser fuertes y querer ser atletas. Controlan mucho a sus familiares, a sus hermanos; estos niños deben cuidarse mucho en el sentido de no permitirles mucha libertad cuando van creciendo pues pueden inclinarse por una vida desordenada.

Tres: el índigo artista

Es el que manifiesta sus deseos de aprender pintura, modelado, dibujos animados: es sensible y su cuerpo es muy pequeño, más que el de los antes mencionados, aunque esto no es una regla general. Son muy creativos y serán los profesores y artistas del mañana. Sea lo que sea, siempre estarán orientados a todas las disciplinas de creatividad.

Cuatro: el índigo interdimensional

Este índigo identificado por los investigadores como el interdimensional puede ser más alto o más grande que los otros. Son muy especiales. No les gusta que contradigan sus creencias. Se sienten autosuficientes para hacer lo que quieren. Tratan de dominar a los papás. Los padres de estos niños tendrán que ser muy comprensivos y no estar reprochándoles sus actitudes. Según la tesis de los niños índigo este cuatro tipo implantará nuevas filosofías y espiritualidad en este mundo. Al inicio de este primer capítulo hablamos de las almas de personajes históricos que siguen recordándose en diferentes generaciones. En algunos momentos pueden mostrarse como seres vanidosos y desafiantes. Son diferentes a los tres índigos anteriores. En todos los casos los padres deben ser observadores y mostrarse comprensivos ante su reacción, tomando en cuenta que son niños especiales y con una gran libertad de pensamiento para actuar y decidir sus propios asuntos.

Otra de las cualidades extraordinarias de los niños índigo es que están facultados para percibir mensajes del mundo invisible. Se les facilita la comunicación con los seres de luz, que son los ángeles. Instintivamente, al presentir cualquier tipo de peligro, su mente reacciona y solicita ayuda espiritual. Por otra parte, en la cruda realidad de la vida, de acuerdo con el nivel socioeconómico y moral de los padres, el niño índigo puede sufrir un destino de fracasos, decepción y aflicción. ¿Cuántos jóvenes inteligentes vemos que padecen grandes problemas existenciales? Estos males provienen por lo regular de errores en la educación, falta de amor o una nutrición deficiente.

Son incontables las causas que en la niñez pueden malograr la vida de un niño y de un adolescente. Son los padres los constructores de esas vidas que ellos mismos generan. El dicho bíblico: "Por los frutos los conoceréis", es una verdad incontrovertible. Los niños índigo nacen con un potencial de éxito y triunfo avasallante pero si encuentran obstáculos imposibles de saltar, entonces se vuelven rebeldes, frustrados y llenos de amargura. En esa situación se va disminuyendo su percepción de lo invisible, de los seres de luz que tanto pueden ayudarles. Nunca y por ningún motivo se les debe menospreciar, ni marcarles sus supuestos defectos. Precisamente en eso estriba el amor de los padres, explicándoles por qué tienen que seguir ciertas disciplinas, tanto para estudiar como para su vida social y para alentar sus aspiraciones.

Los padres que quieren educar a sus hijos por medio de la fuerza cometen graves errores que lamentarán toda su vida. Sus hijos dejarán de respetarlos y acumularán rencor y hasta deseos de desquitarse. Los padres deben hacerles sentir a los niños que también son sus camaradas, sus compañeros, sus colaboradores en todos los terrenos en los que se desenvuelvan. Los viejos esquemas en que los niños deben seguir las carreras de sus padres aún no han quedado abolidos; se ve por todos lados que los padres de familia, apoyándose en su autoridad, quieren conducir el destino de sus hijos.

En otros casos también quieren que realicen lo que ellos no pudieron. Puede pensarse que porque son pequeños no tienen la misma información que tenemos las personas mayores, pero si se ahonda en lo que piensan y sienten, descubriremos que tienen una amplia información sobre sí mismos y que anhelan tener la libertad de manifestar sus deseos, sus aspiraciones, sus juegos y las diversiones que los hacen felices.

Los padres también deben de evitar que sus hijos se inclinen hacia espectáculos de violencia. La metafísica moderna se ha empezado a contemplar como algo serio gracias a la apertura de los conocimientos de la Nueva Era. Hace todavía pocos años, cuando la gente escuchaba sobre los libros de metafísica, sonreía con escepticismo, poniendo en duda los mensajes espirituales que hacen tanto bien a los seres humanos. Las mismas personas que se dicen creyentes, cuando a veces se les comenta sobre los ángeles también dudan.

Actualmente, la corriente angélica ha despejado todas esas dudas que debilitan el carácter de las personas que no profundizan en las enseñanzas más antiguas como, por ejemplo, la Biblia. La vibración del nuevo milenio es la que ha estado enviando a la Tierra esta nueva generación de niños superdotados que van a convertirse en verdaderos líderes del mundo, conquistando puestos de gran importancia y valor. Se acabará el ecocidio, se acabará el horror de las guerras y todas las desgracias que todo esto acarrea. Ellos ya vienen con un código bien estudiado y saben internamente, o más bien perciben, que sus vidas pasadas se han limpiado de todos los errores cometidos.

Los niños índigo y también los niños cristal serán los forjadores de un nuevo mundo. Por ello no está de sobra insistir en la comprensión para ellos y en el cuidado que se debe tener en su educación. Esa también será la gran obra de los padres de los niños índigo y cristal y de los que no están connotados así, pues estos últimos pueden desarrollar esos poderes que toda criatura humana trae consigo desde el momento de su nacimiento.

Es un buen principio aceptar y comprender que el resultado de tantos males que agobian a la humanidad se origina en la niñez. La salud mental y física se debe cultivar en el núcleo familiar, pues ahí están las cualidades de los niños índigo, así como las de los niños cristal y las de los que aún no tienen esos títulos; pero si por alguna razón se obstaculiza su crecimiento, se verán profundamente afectados, principalmente si la causa es el comportamiento de los mayores. Para comprender mejor estas disciplinas de avanzada que van a revolucionar el mundo, existe una forma mágica para dilucidar lo que parece misterioso pero no lo es. En la realidad que vivimos día con día de manera no totalmente consciente, la vida se va desenvolviendo entre obstáculos y las personas mayores, preocupadas por el mañana, no tienen tiempo ni deseos de percatarse de que la vida es un milagro que contemplamos a diario. Generalmente pasamos por ella como viajeros sin rumbo. Ni siquiera enviamos una sonrisa de amor al hermano árbol o a la hermana flor, ni nos deleitamos con la sonrisa de un niño, pero tenemos que hacer un esfuerzo para agradecer a Dios por todas las maravillas que nos otorga. Las escenas cotidianas pueden parecer rutinarias, comunes, porque los problemas que deben resolverse no permiten mirar ni vivir el momento presente. Es necesario meditar, comprender que el alma es antigua y guarda archivos de otras vidas y circunstancias, que nos movemos entre penas, alegrías y fracasos.

La secuencia de nuestras vidas es una película en la cual somos actores y a veces conseguimos un final feliz o también podemos enfrentarnos a un final de sufrimiento, es cierto. De acuerdo con las leyes divinas y kármicas, hay almas más jóvenes que otras. Y son las almas más viejas las que tienen el deber de ayudar a los que desconocen la sabiduría de Dios. Sólo de esta manera podemos guiar a los niños índigo, cristal y a los que todavía no tienen ese título.

Las escuelas de pensamiento se están abriendo más cada día. Sus lecciones y métodos son diversos pero todos ellos beben del mismo cáliz, de la sabiduría que nos han legado seres iluminados como Jesús y Cristo, Buda, Mahatma Gandhi, etcétera. Esos Maestros que conducen a sus seguidores crean un movimiento de paz y sabiduría universal que es una bendición que atrae en forma natural y espontánea las energías angélicas. Es por ello que cada uno de los habitantes de esta bendita tierra tenemos el deber de ofrecer estas enseñanzas a nuestros semejantes para que se haga una sola fraternidad.

La tarea es ardua pero nadie debe desmayar. Entre más se purifique el pensamiento humano, los niños índigo y cristal y, en general, todos los que por innumerables motivos, fuera de su inocente realidad, no lo sean, deben ser ayudados para despertar su propio potencial, pero tal vez carezcan de pan y de cariño. Su propio organismo y su alma pueden estar debilitados por los graves problemas existenciales que los aquejan. En la Ciudad de México abundan los niños de la calle. Algunos venden dulces y chicles y algunos pequeñitos no alcanzan ni los tres años. En este país, que se supone debe ser democrático, al parecer los grupos de poder se muestran indiferentes ante este daño a la población más pobre. El sufrimiento de esas pequeñas almas que venden en el arroyo de la calle, sin importar si llueve o hace frío y ante todas las amenazas que pueden surgir, es inmenso y en vez de estar abrigados en sus camas están ahí resistiendo todo tipo de peligros. Para ellos debemos invocar a los ángeles de la llama rosa. La visualización y el deseo de ayudarles es una labor que todos tenemos la obligación de realizar en nuestra horas de meditación. Es urgente para la humanidad adentrarse en la disciplinas de la meditación.

A los seres que sufren como esos niños hay que mirarlos como lo que son, seres de gran linaje, visualizarlos en un lugar ideal, de verdes llanuras y cielos límpidos, donde puedan encontrar su destino y felicidad. Partiendo de que el pensamiento es creativo y que pensar es crear, ya que no podemos ayudarles realmente por falta de recursos y por todos nuestros quehaceres, hagamos el esfuerzo de que todas las noches, antes de dormir, cumplamos con esta tarea como una obligación de seres humanos con piedad en el corazón; para que los niños cristal, los pequeñitos vendedores de dulces y de chicles en la calle, perciban amor y comprensión de sus semejantes, que sus cuerpos sean cobijados por los ángeles guardianes y los de la llama rosa. Todo lo que aparece en el mundo real antes fue creado en la mente universal y en los grupos humanos, es por ello tan necesaria la visualización bien ejecutada, acompañada por profundos sentimientos de amor.

Así como visualizamos que los niños de la calle o los que sufren maltrato puedan obtener ayuda espiritual, también podemos visualizar otros males como las guerras y los conflictos en los gobiernos, solicitando la ayuda de las huestes de los ángeles para alejar los pensamientos de destrucción que amenazan al mundo. Esta clase de colaboración espiritual puede ser mucho más efectiva que las protestas que se llevan a cabo en el planeta, pues son extremadamente peligrosas porque la violencia se desata, no se consigue nada y por desgracia el resultado es fatal para muchas personas que resultan heridas o muertas. Cuántos niños quedan huérfanos cuando estallan los movimientos de rebelión y de repudio a los malos gobernantes.

Lo que se piensa o se desea con fuerza intensa se manifiesta inevitablemente en nuestras vidas. El pensamiento, como ya se sabe, es una energía creadora altamente positiva o destructiva según la dirección hacia donde se proyecte. El océano de ideas que eternamente se mueve como un mar encrespado busca unirse con ideas afines, sean buenas o malas.

Las técnicas de meditación que ahora se practican ayudan a todos los seres en formación, como ya lo hemos dicho. El despertar de la conciencia masiva irá invocando con mayor fuerza el poder omnipotente de la patria angelical.

Los ángeles son mediadores entre Dios y los mortales. Los poseedores de almas limpias y transparentes tienen acceso a los tesoros bíblicos. Sólo los que han experimentado varias encarnaciones y comprendido las verdades de lo eterno los han clasificado y traducido a un lenguaje sencillo, para que la humanidad de la actualidad, así como la del futuro, pueda comprender esas perlas de la sabiduría; mismas que también nosotros tenemos la obligación de transmitir en el planeta en el tiempo que es ahora, cuando la Tierra hospeda y recibe con gran regocijo a los niños cristal e índigo que en su mayoría vienen equipados del cuerpo y del alma, con características especiales para realizar proezas de gigantes y de sabios. Estos niños serán los que eliminen la energía destructiva que intenta destruir el planeta. Los niños cristal e índigo descubrirán los secretos para enlazar sus vidas, planes y propósitos conjuntamente con la misión que tienen los ángeles para actuar conjuntamente con ellos.

Es pertinente aclarar respecto a los seres angélicos un hecho que no siempre se menciona, y es que estos seres de luz no tienen sexo porque no pertenecen a la escala humana, son seres espirituales que pertenecen a otra dimensión que la mente humana no comprende si no ha activado sus poderes mentales y espirituales. Ellos, los ángeles, acuden a un llamado siempre que el nivel de conciencia del ser que los invoca sea el adecuado. Muchas personas dudan de que existan a pesar de ser creyentes en Dios, como ya lo hemos dicho y lo repetimos. Otras personas tienen dudas pero desean creer y solicitan que se les despejen esas incógnitas, sobre todo cuando se les comienza a hablar sobre la conexión de los ángeles con los nuevos súper niños de este siglo XXI.

Si los padres no creen en los enviados de Dios, ¿cómo va ser posible que les inculquen a sus niños la creencia en el poder de los ángeles? Es por ello que en este libro queremos facilitar a la población este entendimiento que puede favorecer tanto a los niños como a los padres.

La comunicación con los ángeles exige varias cualidades y capacidades. De ahí que es tan necesario para la población interesarse por su origen. ¿Por qué la mayoría de la gente se hace la misma pregunta? ¿De dónde venimos los humanos, qué misión tenemos en este planeta y hacia donde vamos? No es fácil educar a los niños cuando los padres tampoco han sido educados desde su infancia.

Ahora, los libros sobre los ángeles se editan por millones en todo el mundo. La razón es que la parte opuesta del mal es el bien. Si tanta gente sufre por las guerras y los desastres, su único camino, quiéranlo o no, es abrazar una creencia espiritual. Ese pan bendito que es alimento y protección para todos los seres que existen en el orbe. Los ángeles, mensajeros de Dios, componen huestes infinitas al servicio del creador, son incansables trabajadores cósmicos. Lo que los hace distintos son sus variadas formas poéticas, ideales, porque pertenecen a diferentes grupos: arcángeles, querubines, serafines, virtudes, potestades, tronos y dominios. No se necesita exigir pruebas para aceptar esta creencia que desde los tiempos de Adán y Eva en el paraíso se ha plasmado en la mente colectiva; pero no todos los habitantes de este mundo aceptan los milagros del cielo y de la creación. La materia que ahora nos ocupa va encaminada, ciertamente, a la familia en general. Una vez que los interesados en el progreso de sus hijos se hayan convencido de estos preceptos tan antiguos como el mundo, adoptarán otros estilos de vida; así en el corazón de cada familia se irán desvaneciendo y perderán fuerza la energía del error y la angustia, así como la incredulidad.

El deseo de no vivir y dejarse vencer por los miedos que causan los problemas que se consideran "imposibles" de resolver, así como los pensamientos negativos y de fracaso, crean raíces venenosas que no fácilmente se pueden arrancar y por desgracia malogran las vidas humanas, pero siempre es tiempo de cambiar y de elevar el alma y el corazón hacia la divinidad.

Hay guerras y batallas que se generan entre las familias por todas las causas conocidas, como las herencias, que despiertan la codicia y la división entre hermanos, padres e hijos. Para poder aliviar situaciones como éstas es necesario ir al fondo del problema que impide la conexión con los seres que colaboran con Dios, el poder infinito.

Estas reflexiones van dirigidas principalmente a los jefes de familia para modelar a sus hijos desde pequeños. Los niños cristal e índigo son cocreadores de nuevas civilizaciones. Guiarlos y encaminarlos a las cumbres del triunfo, porque a eso han venido, será una labor noble y espiritual que corresponde por obligación y por deseos de superación a quienes engendran hijos. Su propósito debe de ser el crear hombres y mujeres de luz.

Los lectores se preguntarán nuevamente ¿qué hay que hacer para alcanzar privilegio tan grande? Pues nada menos que emprender una limpieza profunda del alma, comenzando por los pensamientos que la torturan. Se trata de una depuración psíquica a fondo que los padres deben realizar al inicio de la vida de los niños de la Nueva Era para que puedan aspirar a un futuro brillante. Los deslumbrantes índigos nacen con prodigiosas cualidades para las técnicas de la cibernética, la arquitectura y el arte en todas sus expresiones. Esta clase de niños traen consigo un amplio bagaje de cualidades y destrezas, pero si los padres no los comprenden y coartan sus libertades, pueden inclinarse a la vagancia y a las drogas.

La cultura de los niños índigo es muy amplia así como sus fuentes de información. La edición de libros sobre este tema es y será por siempre una herramienta indispensable para crear una nueva humanidad, cuya mente infinita borrará de la memoria el hecho fulminante y desastroso de las guerras que se han desarrollado a través de los siglos en el mundo.

La relación de los ángeles con los niños es un milagro porque los ángeles median entre Dios y los mortales y siempre están dispuestos a auxiliarnos en los momentos de crisis. La Nueva Era de Acuario, que significa el Saber, nos inclina a desear descubrir los infinitos secretos universales. Entre ellos está el anhelo de lograr la divina comunicación con los ángeles. Para esto se requiere una ética de vida: no dañar a ningún ser humano, animal o vegetal. No injuriar, ni robar, ni hacer críticas de los demás ni censuras destructivas, pues estas infracciones crean largas condenas kármicas (leyes de causa y efecto).

Asimismo, se exige la limpieza del cuerpo, evitar los alimentos chatarra, el cigarro, las drogas y las bebidas alcohólicas que disminuyen el poder del organismo y de las capacidades mentales. Es de comprenderse que no podemos aspirar a un ser angélico cuando tenemos el cuerpo y el pensamiento intoxicados. Una indicación práctica es la siguiente: si se contempla la comunicación con los ángeles como una fantasía o algo que puede ser o que no es, algo que tampoco puede explicar la ciencia materialista, se levantará un muro de obstáculos para esta conexión y las personas se privarán de la protección angélica que tanto necesitan los niños y ellas. Se puede cerrar así, lamentablemente, el camino dorado para conectarse con los seres alados y principalmente con el ángel de la guarda que corresponde al yo interno superior de cada ser humano. La edad de la inocencia, si no es maltratada por padres inconvenientes, es la más propicia para que los niños tengan conexión con este ser de luz que siempre está cerca de ellos.

Existen padres a quienes les molesta que sus niños piensen en fantasías y los inhiben, impidiendo así que puedan desenvolverse espiritualmente. Es necesario que esos padres emprendan una nueva educación en la que reinen el respeto y la comprensión hacia los niños, que atiendan lo espiritual y acepten ciertas sugerencias angélicas tanto para los niños índigo como para los cristal, lo que facilitará la comunicación entre ellos y sus hijos.

Las influencias estelares inciden en el comportamiento de los niños, especialmente por el ascendente en su carta natal, que marca su personalidad. Las tendencias, gustos y anhelos son diferentes en cada uno de ellos aunque sea índigo, cristal o cualquier otro que no ha sido denominado de esta manera, y sus rasgos de personalidad se relacionan con el ascendente de acuerdo con la hora y minutos exactos en que han nacido. Este factor es muy importante. Sin embargo, la educación tradicional no admite ciertas creencias y muchas criaturas sufren por ello la intransigencia de los progenitores que desconocen esas tendencias. Los padres a veces no saben conducir a sus hijos de acuerdo con las capacidades que poseen.

Muchas vidas de los jóvenes, al no ser comprendidas, se frustran desde la niñez, y en la adolescencia luchan contra una serie de conflictos que malogran su existencia. Los niños índigo se pueden revelar en cualquier momento y provocan muchas veces discusiones y pleitos con sus padres. Esta rebeldía surge de la inseguridad que tienen en sí mismos y a un nivel subconsciente, sin embargo, perciben la ayuda de los seres angélicos. Eso quiere decir que no le temen a ningún tipo de amenaza porque su cerebro está preparado para emitir y recibir pensamientos. Es muy probable, tomando en cuenta la sabiduría de los nuevos investigadores de este fenómeno, que los seres llamados ángeles también pueden ser seres luminosos de otras galaxias, y su poderosa mente puede infiltrar pensamientos de seguridad y gran dinámica en estos niños.

Respecto al ADN, los expertos en el estudio de niños índigo y cristal hablan de una experiencia que se iguala a la ascensión, es decir, a la progresión mental más allá de los límites conocidos.

En algunos textos se afirma que los niños índigo y cristal, en un futuro, pudieran lograr la inmortalidad a través del manejo de su ADN. Curiosa mente. Metafísicos modernos explican que el ADN es una pequeña contracción de la palabra Adán, hombre hecho a imagen y semejanza del creador perfecto en todo sentido, arquetipo universal. Cuando puedan descubrirse todos los secretos de la mente se conocerán muchos aspectos hasta ahora enigmáticos, como el viajar hacia otros planetas por medio de los cuerpos sutiles, gracias al despertar y al funcionamiento de los chakras, los discos que hoy en día apenas si se mueven lentamente. Los seres superiores pueden, por medio de su voluntad, manejarlos y servirse de ellos para manifestar facultades que apenas puede imaginar la mente humana actual.

2. Niños cristal

Los niños cristal o cristales son otro grupo que, de acuerdo con los investigadores versados en estos estudios, son considerados una generación de maravillosas criaturas del nuevo siglo. Se estima que aparecieron en el año 1955 y manifiestan otras cualidades. El magnetismo terrestre tiene sobre estos niños una influencia misteriosa. Es como si comprendieran que la Tierra es otro ser, algo parecido a ellos. Las leyes secretas de la naturaleza otorgan sus virtudes a estos seres que van a realizar cambios drásticos en las formas de vida en el planeta. Existe un principio alquímico, un récord de conocimientos plantado en ellos como semillas de sabiduría. La labor de los alquimistas era convertir los metales en oro. Los niños de la generación 1995 se identifican con los destellos purísimos del cristal de cuarzo. En ellos reconocen las misteriosas enseñanzas de los antiguos magos y su afición por los metales y las piedras. Antonio Mesmer, sabio nacido alrededor de 1734 en Alemania, un hombre maravilloso, debió haber sido un auténtico niño cristal por su deseo de investigar sobre las leyes naturales y las propiedades de las piedras y el magnetismo de los minerales. Él afirmaba que los cuerpos celestes producían efectos sobre el sistema nervioso por intermedio de un fluido sutil que penetra todos los cuerpos y llena el universo. Sus experimentos en aquellos años le atrajeron persecuciones de muerte desde su más tierna juventud. Los niños cristal, de acuerdo con los investigadores de tan atractiva tarea, tienen una extraordinaria misión porque su objetivo es desentrañar los misterios del ser humano; se identificables fácilmente por sus ojos grandes y expresivos y su mirada intensa.

Volviendo a los metales estudiados en el remoto pasado por el ilustre Antonio Mesmer, estos niños magnéticos y atrayentes también tienen la cualidad de ser muy afectuosos. Poseen grandes facultades para el estudio musical. En sus primeros años se les dificulta un poco el habla. Les gustan los juegos que ellos mismos inventan y ciertas claves secretas que sólo ellos entienden. También, tanto ellos como los índigo, presentan características de experiencias pasadas que no tienen nada que ver con el punto de vista de la lógica elemental.

Cada vez que nace un niño se le debe recibir como se haría con un rey porque vienen capacitados para realizar tareas que requieren de preclara inteligencia. Los niños índigo pueden llevarse muy bien con los cristal porque en ambas generaciones fluyen las mismas tendencias hacia la sabiduría y la creación de nuevos métodos y fórmulas para mejorar el mundo en que viven pues, aunque no lo dicen con su lenguaje tan especial, quieren construir un nuevo mundo. Así crecen para ser líderes que sepan y aprendan a descubrir la luz del Verdadero Conocimiento y mostrarla a los ciegos. Con ellos finalizarán las etapas de odio y destrucción que ahora prevalecen en la Tierra. El tema de la evolución de la raza humana, frente a las nuevas generaciones índigo-cristal, irá despejando las malas ideas de grupos que imponen la violencia. El empuje de estos niños derrumbará los sistemas caducos que tanto han agobiado a los seres humanos. Y bajo el crisol de la Nueva Era, la Tierra se llenará de sabios, científicos expertos en la verdadera ciencia que reconoce el poder infinito del espíritu humano.

¿Por qué debemos estar conscientes de que es necesario echar a andar los centros magnéticos que se alinean en el cuerpo humano, de la cabeza al nivel del perineo? Porque así se va a generar la tarea de despertar las conciencias desde el mismo momento en que hombres y mujeres aspiren a superarse en sus almas y espíritus, pues ahora, en el incipiente siglo XXI, la generación actual no se sacude de la ambición del deseo del poder personal y económico aunque para ello tenga que perjudicar a quienes se le opongan. Los ricos y millonarios creen que el único poder sobre la Tierra es el dinero con el que se compra todo. Si lo pierden se desvanece el único poder en el que creían. Son extranjeros en su propia mente y cuerpo porque no reconocen las cualidades morales y espirituales inherentes a los seres humanos. Los niños índigo y cristal nos van a demostrar cuáles son las verdaderas joyas que poseen, cuyo valor sobrepasa los billones de "Ricos McPato", y nadie les podrá robar o sustraer sus tesoros. Aquí viene a propósito la mención del niño Krishna que definitivamente reúne las cualidades del niño cristal perfecto. Él se muestra lleno de joyas preciosas, relucientes; esmeraldas que adornan su precioso cuerpo, pulseras y ajorcas en sus tobillos, cristales facetados que irradian luces esplendentes que lo embellecen aún más. Personas y niños del mundo occidental que no conocen la literatura hindú preguntan por qué Krishna posee tantas joyas, pues porque de seguro debe de ser muy rico, ni siquiera usa zapatos. Cierto maestro de los que abundan en esas tierras responde a una delegación de niños occidentales: "Krishna luce esas joyas que no son más que el símbolo de sus múltiples cualidades: cada vez que él realiza una buena obra se añade a sus collares otra piedrecilla o cristal más". Porque las buenas obras y las enseñanzas espirituales valen más que las joyas y piedras preciosas más deseadas. Krishna, quien probablemente era un destacado niño cristal, siente un profundo amor por los animales. En sus representaciones pictóricas es muy normal que lo acompañe una graciosa vaca que luce un magnífico collar de flores de loto. Krishna, según las escrituras, es un niño vegetariano, una preferencia que se da entre los niños cristal, quienes manifiestan gran predilección y amor hacia las mascotas.

Lo que se ha hablado y escrito sobre los niños prodigio ha sido analizado en Estados Unidos por la Association for Past-Life Research and Therapy, organismo de reconocimiento mundial que investiga los efectos sobrenaturales. En varios países del mundo ya hay terapeutas que se han asociado a esta institución, entre ellos México. Se cuenta que un niño sorprendió a sus papás cuando una vez, a sus cinco años, les preguntó por qué ya no se escuchaba el silbato de un tren a determinada hora. Los padres se quedaron estupefactos al escuchar a su hijo. Ambos esposos le dijeron que hacía 30 años que aquel ferrocarril pasaba a pocas calles de ahí pero ya ni quién se acordara de aquel suceso. El niño no pareció interesarse mucho sobre aquel misterio y después se puso a jugar muy risueño.

Los niños cristal desafían a sus propios médicos porque tienen una inteligencia que sobrepasa el modo común de pensar. Los médicos y pediatras, no todos, pero en su mayoría, siguen métodos ya muy estructurados y antiguos y no se salen fácilmente de sus parámetros. Muchas veces califican a los niños cristal como autistas por lo callados, pero esa actitud tiene una razón de ser. Cavilan sobre lo que sucede a su alrededor y ello les impide las más de las veces poner atención a lo que se les exige.

Desafortunadamente, los sistemas educativos en varios casos son ineficientes porque no contemplan a los educandos como seres integrales, perfectos, sino como un nombre y una edad que queda en las listas y tiene que sujetarse a los lineamientos que los métodos de enseñanza exigen.

3. El mundo interior de los niños índigo y cristal

Como no coinciden con la añeja y tradicional idea de que "todos los niños actúan igual", la falta de información sobre estas criaturas inclinan a muchas personas a creer que padecen la enfermedad del autismo.

Es necesario que los padres se documenten con la bibliografía que trata actualmente sobre el importante descubrimiento de esta clase de niños. Fue desde 1995 que esta pléyade empezó a ser observada por los expertos, niños que han renacido en este planeta porque traen una información genética muy diferente a la de generaciones pasadas. Sus facultades pasaban desapercibidas, a excepción de los niños genios, muy destacados por obtener triunfos en concursos sobre temas difíciles como las matemáticas.

Los niños cristal se enfrentan a ciertas dificultades como el no poder hablar claramente cuando otros lo hacen muy bien. Existe la creencia entre las personas que se dedican a investigar estos hechos que probablemente los niños cristal hayan sido plantados en la Tierra por otras entidades llamadas extraterrestres. También se va aceptando la idea de que estos niños son enviados como ángeles encarnados para ir limpiando la Tierra, y a partir de esta idea, créanlo algunos o no, debemos reforzar los cuidados y la amigable y cariñosa comunicación con ellos. En el pasado se rechazaba la idea de que una persona pudiera comunicarse con otra y también con los niños por medio de la telepatía. Actualmente todo eso que era conjurado y se veía como magia, empieza a ser asimilado por grandes grupos humanos. Los niños índigo y cristal se comunican en forma natural con sus padres a través de su poderosa mente; y los padres también, a causa de este maravilloso fenómeno, empiezan a captar esos mensajes ocultos.

En el apartado de testimonios de niños índigo y cristal se explica ampliamente la conexión de los niños con sus padres y con sus ángeles guardianes. La íntima conexión de los niños en general con los ángeles está plasmada en antiguos manuscritos, porque la mente de esos seres luminosos era como la de los niños y podía penetrar ese mundo invisible para los que no creen. Las madres que se preocupan en observar los gestos y las actitudes de sus bebés son determinantes, pues ofrecen una enseñanza de amor a sus madres. Ellas se sorprenden cuando se dan cuenta de que sus bebés observan algo determinado como si con sus graciosos gestos estuvieran comunicándose con un ser radiante que no puede ser nadie más que su propio ángel de la guarda.

Los padres no sólo deben preocuparse por la salud y el bienestar físico de sus bebés y niños y de que estén siempre vigilados por sus pediatras; también deben profundizar en ellos, observar su mirada, sus reacciones, la sonrisa de los más pequeños que aún no hablan.

La Nueva Era, con sus descubrimientos acerca de la capacidad psíquica de la humanidad, absorbe y asimila nuevos conocimientos. La mente se abre al influjo de las nuevas normas y técnicas para superar los obstáculos que afligen al alma humana. Los padres de familia deben aprender a guiarse por esta sabiduría y crear la Nueva Raza de los Seres de Luz, que son los niños índigo y cristal. Los guías del futuro.

Las huestes numerosas de los ángeles forman organizaciones dedicadas a cumplir diferentes misiones para ayudar a esta agobiada humanidad. El escepticismo y la intención de rechazar todo lo que no se pueda comprobar en el mundo físico retrasa la labor de los grupos angélicos.

Las ideas preconcebidas de los padres que suponen que las historias de los ángeles son inspiración de personas devotas, y hasta en muchos casos los que prohíben a sus hijos que piensen en ello, interceptando sus conexiones, se curan en el alma y el cuerpo de los niños. Se intenta arrebatarles el privilegio más grande que puedan esperar en la vida. En la realidad, así como en la ficción, encontramos millones de hechos que han pasado de boca en boca desde tiempos inmemoriales sobre las apariciones angélicas. Los testimonios del poder de los ángeles han sido tomados por varias familias que han autorizado su publicación con la única condición de que no se mencionen los nombres de los protagonistas.

El arte en los niños índigo y cristal

El arte, en todas sus expresiones, puede ser comparado con una poderosa creatividad muy especial incrustada en el ser humano. Muchas personas dicen que de artistas no tienen nada, pero eso es falso. Si partimos de la idea de que Dios es el supremo creador de los sistemas infinitos de vida y que dotó al ser humano de innumerables cualidades, la primera tarea como obediencia de los hijos a sus padres es asemejarse a su creador. No existe un solo ser en la creación que no se pasme y arrobe frente a las maravillas de la Tierra. Todos sentimos gusto por lo creativo, por la belleza, por los aromas de las flores, de los bosques, de la plenitud y magnificencia de las montañas y así lo vemos en los niños, que desde muy pequeños sienten un júbilo enorme por dibujar o iluminar sus paisajes o personajes que copian o inventan. Tal vez algunos seres que ven en su imaginación. Dibujan también a sus mascotas y todo lo que sorprende a su mirada investigadora y curiosa. Las escuelas de arte deben hallarse en todo rincón de la Tierra, pues el arte es un milagro de la vida.

Los niños sienten esa necesidad de expresarse por medio del arte, pero muchas veces los padres les coartan sus inclinaciones y les preocupa sólo que estudien materias más "serias" y más rígidas. Cuántos niños no pudieron llegar a ser grandes genios de la pintura como lo fueron, por ejemplo en México, los grandes muralistas.

Consejos prácticos para la futura mamá

Las mujeres y hombres que proyectan casarse y tener hijos pueden obtener amplia y adecuada información sobre la gestación combinada con un aspecto espiritual. Informarse ampliamente sobre este tópico puede proteger a sus descendientes desde el inicio de la gestación y seguir así por siempre. El carácter oculto que tiene el nacimiento humano es un suceso de gran trascendencia. Ya que los ojos psíquicos han sido educados tan sólo para ver lo aparente y no saben percibir lo que puede verse por medio de los sentidos más sutiles, el "misterio de la concepción" es la experiencia más extraordinaria que puede vivir una mujer. Ella misma crea el más portentoso milagro de la naturaleza dentro de su propio cuerpo. Claramente hablando, no existen palabras que puedan describir el acontecimiento que representa el nacimiento de un niño. Por falta de una comprensión más profunda, se ve como algo que sucede a diario. Pero muchos ignoran las ilimitadas potencias del alma y la influencia de los planetas, de los cuerpos celestes, que van modelando las características del nuevo ser. Saturno otorga el discernimiento y la razón. Júpiter ofrece a un alma humana la generosidad. Marte, el planeta guerrero, nos da el coraje y la rebeldía. Mercurio nos incita a la alegría, al placer y también nos inspira para desarrollar la capacidad intelectual. Si la luna está bien aspectada, concede virtudes y las fortalece en el ser que va a llegar a este mundo.

Lo ideal para las madres y los bebés es aprovechar los nueve meses de gestación invocando a los seres angélicos para proteger a las criaturas y otorgarles también los dotes y facultades que distinguen a los niños índigo y cristal, de tal manera que la voluntad de la madre y la del padre van preparando el futuro de ese ser que traerá la información del ADN, que contiene amplios archivos de otras vidas en las que pudieron absorber las influencias de seres superiores, llamémosles ángeles o los enviados de Dios a la Tierra. Todos nacimos en las familias que nos corresponden de acuerdo con la ley equilibradora del karma. Nadie escapa a esta ley. Las mujeres dan a luz a los descendientes que les corresponden de acuerdo con el temperamento y tendencias que a su vez el bebé por nacer contrae a través de su récord de experiencias. Si su madre trae amor y belleza y mentalmente visualiza a su hijo como un gran ser humano e invoca al ángel guardián de ese niño o esa niña, será una madre sabia.

4. La esfera celeste y su armonía con los niños índigo y cristal

Cada clasificación de ángeles tiene una conexión íntima con los signos del Zodiaco. Los seres angelicales se clasifican en el siguiente orden:

ARCÁNGELES
QUERUBINES
SERAFINES
VIRTUDES
POTESTADES
TRONOS
DOMINIOS

Todos los niños índigo y cristal, o también los que no lo sean, merecen un trato preferencial. En el caso de los niños que no estén clasificados, pueden desarrollarse en ellos estas características.

Los trabajos espirituales y las invocaciones deben respetar ciertas reglas fundamentales. Es imposible solicitar, para los niños, amor, salud y protección si las condiciones que nos rodean no son las adecuadas. Se procurará que el lugar en donde se realicen meditaciones esté aseado y se evitará pensar en problemas que en apariencia no tienen solución. La limpieza psíquica y corporal es un requisito indispensable; se debe evitar usar ropa que haya estado en contacto con el exterior, como el transporte público, lugares sucios y la cercanía con personas violentas. El incienso, las velas, una jarrita de cristal con agua y aceites aromáticos son muy necesarios para crear un ambiente propicio.

Una vez cumplidos estos requisitos se define muy bien qué es lo que se quiere pedir para esos niños que van a nacer y para los que ya están en este mundo y presentan enfermedades pasajeras o graves. Los ángeles son mediadores entre Dios y los mortales, y en todo momento esperan que solicitemos su ayuda.

Las invocaciones y peticiones no siempre obtienen una respuesta positiva, por lo que muchas personas se desaniman y no quieren continuar solicitando a Dios la protección de los ángeles. Existen varias razones por las que a muchas personas no se les cumplen sus deseos y a otras se les cumplen casi de inmediato. Todo depende de la fe que se tiene en sí mismo y que se extiende hacia los miembros de la familia.

Los padres deben invocar al ángel que corresponde a sus hijos de acuerdo con el día de su nacimiento.

Serafines, virtudes y potestades pertenecen al elemento fuego, por lo que se recomienda llamar a su protección para los niños que hayan nacido en la influencia de Aries, Leo y Sagitario. Los querubines pertenecen al elemento tierra, por lo que se recomiendan para los de los signos de Capricornio, Tauro y Virgo. Los arcángeles corresponden al elemento agua, por lo que son propicios para beneficio de los signos de Cáncer, Escorpión y Piscis. Los dominios corresponden a los signos de aire: Acuario, Géminis y Libra; tienen la misión de comandar grupos de ángeles y verificar que se realicen los trabajos que les han sido destinados.

Los querubes o querubines, no porque sean pequeños tienen asignado un trabajo inferior. Por el contrario, su misión es la de custodiar la entrada del Edén o Paraíso Espiritual. Los serafines poseen una luz maravillosa que proviene del Sol. Ellos organizan los trabajos de los cielos.

Los tronos son los ángeles que cuidan que se cumplan las órdenes del creador. El fuego que emana de ellos los hace verse, para quien pueda tener ese privilegio, en forma de círculos dorados.

Los denominados virtudes tienen la encomienda de inspirar a los seres humanos para que escuchen la voz de Dios y sean capaces de realizar obras piadosas y desinteresadas. Se recomiendan especialmente los querubes o querubines para la protección de los niños recién nacidos y, en especial, para los niños cristal.

La influencia de los astros en el embrión humano

Mientras los seres humanos no conozcan todos los poderes que yacen latentes en sus almas y en sus corazones, dependerán de las fuerzas superiores del universo. Citamos lo dicho por Aristóteles en su segundo libro, titulado *De la generación y la corrupción*: "A la salida del Sol todos los animales se llenan de vida y cuando aquél se pone, todos languidecen". Los estudios desarrollados por los sabios de la antigüedad hablan de los poderes de Saturno para preparar la materia en general y darle la forma apropiada. Saturno domina ciertas horas de la noche en la concepción del embrión y cede determinadas horas a otros planetas con diferentes influencias.

JÚPITER: Éste sigue a Saturno y juntos dominan el segundo mes de la gestación; preparan el tronco del cuerpo para que reciba los miembros que le son necesarios.

MARTE: El planeta rojo domina en el tercer mes del embarazo y con su calor forma la cabeza y en general da fuerza suprema al organismo.

EL SOL: Predomina en el cuarto mes. Crea el corazón. Aristóteles, a diferencia de algunos astrónomos y médicos, asegura que el corazón es el centro del hombre, construido por las influencias estelares, ya que todas las partes se derivan de esta importante víscera.

VENUS: Trabaja en el quinto mes con algunos miembros inferiores, formando otros como las orejas, la nariz, los huesos, el prepucio en el varón y los pechos y la vulva en la hembra, finalmente separa y distingue las manos, pies y dedos. Recordemos que Venus se relaciona con el amor carnal, y la palabra "venérea" (de las enfermedades) recibe este nombre por "Venus".

MERCURIO: Este planeta influye en el sexto mes. Se encarga de formar los órganos de la voz, las cejas y los ojos. El crecimiento de cabello se debe a esta influencia planetaria y crea las uñas del feto. Trabaja también en el cerebro si está bien aspectado en Géminis.

LA LUNA: Participa en el trabajo conjunto de los astros,

llenando con su humedad todos los vacíos que encuentra en la carne y, contribuyendo con Mercurio y Venus, proporciona elementos nutritivos al cuerpo.

SATURNO: Interviene otra vez en el octavo mes. Su naturaleza es reseca y compacta por lo que resfría un tanto al feto, que puede peligrar si no está bien cuidado por la madre.

JÚPITER: Vuelve a aparecer en el noveno mes. Al contrario de Saturno, penetra al feto con calor y humedad y su influencia proporciona la fortaleza y da larga vida al bebé próximo a nacer.

Estos datos y descripciones de las influencias astrológicas harán comprender más a las mujeres que van a ser madres la importancia que tiene el nacimiento humano, pues además del proceso de gestación los planetas coadyuvan en este milagro. Todo en la creación está conectado por redes infinitas. Así vemos cómo las relaciones de los niños con sus ángeles guardianes y los elementos de la naturaleza como son el aire, la tierra, el fuego y el agua facilitan las canalizaciones de estos seres dispuestos siempre a ayudarnos tanto a los mayores como a los niños. Ellos saben muy bien quién aspira a la superación espiritual y advierten, de la misma manera, las malas influencias con las personas que buscan la posesión de bienes materiales como la única meta concebida en sus vidas.

Afortunadamente, y en todos los casos, a los niños de esta era se les facilita la comunicación con los seres de luz porque no oponen muralla de duda y cuestionamientos como ocurre generalmente con los humanos. Su alma diáfana acepta que están muy cerca y son sus maestros y preceptores. Esos seres de luz, llamados también seres del espacio, ¿serán acaso los que llegaron a la Tierra procedentes de lejanas galaxias y que fueron los que salvaron a Enoc y lo condujeron a una nave, que Enoc interpretó como un carro de fuego y la catástrofe universal? En la historia de la Tierra, según las viejas crónicas, se habla profusamente de los enviados del cielo a la Tierra. Se les ha llamado "los mensajeros de Dios". Sólo así se puede explicar la existencia en la Tierra de quienes han asimilado grandes virtudes, y de quienes han sido inspirados por esos emisarios de remotas galaxias.

Los discípulos en la Tierra llamados a realizar grandes obras han incursionado así en las ciencias y las artes, en la filosofía y en todas las bellezas que los hombres son capaces de generar. ¿Es la labor de los ángeles administrar las eras e ir penetrando en la mente infantil para reconocer las experiencias que haya vivido en el pasado? Los niños índigo se comportan de acuerdo con su edad, igual que los cristal, pues ellos mismos no saben a ciencia cierta lo que les está ocurriendo; o sea, la programación que va activando sus centros de poder. Ellos son guiados a fin de que en la edad ideal para desempeñar los grandes prodigios para los que están destinados se vayan adecuando a los tiempos que se esperan y en los que operarán los cambios para salvar a la humanidad pese a todos los peligros que la acechan.

La memoria falla a los grupos humanos. Desde tiempos muy remotos se ha hablado del paraíso terrenal y de su desaparición. Tómese como fantasía entre los mismos creyentes o no, debido a las malas conductas que ha manifestado la humanidad, eso no nos salva de una conflagración. Es más cómodo no pensar en ello. Los actuales dirigentes del mundo no asumen la responsabilidad de proteger a este sufrido globo terráqueo donde vivimos. Las viejas historias y relatos sobre la desaparición de los mundos han proliferado desde siempre, pero el hecho de alejar esos temores y de ignorarlos no es una fórmula para vivir con absoluta tranquilidad. Hemos mencionado a Lemuria y la Atlántida como ejemplos de que el deseo de dinero y posesiones, así como de placeres y complacencias ejerciendo dominio sobre los más débiles lleva a la destrucción. Es lo que ocurre en los grupos poderosos que se mueven en círculos de alta política y están llevando a la población a guerras que pueden desencadenar, asimismo, una tercera guerra mundial.

Respecto a la Ciudad de las Puertas Doradas, existe un paralelismo entre ese paraíso mítico y el Paraíso o Edén del cristianismo. El gran escritor inglés William Blake, en su *Mitología o ética*, menciona aspectos muy interesantes de un continente del viejo y antiguo mundo, relacionado con la sabiduría de la Edad de Oro. Existen, según los investigadores de este hecho, vestigios de la Atlántida, como las estructuras mayas que representan en algunos casos elefantes montado por jinetes con turbantes, que datan del año 731. Y así como se han encontrado vestigios de antiguas civilizaciones portentosas como la maya, en América, hay ejemplos de otras culturas como la egipcia. Hay similitudes de sus elementos con otras que se remontan a la época antediluviana. Los atlantes, por ejemplo, fundaron ciudades que revelaban grandes avances tanto en México como en Egipto. Son demasiadas semejanzas que tienen gran relación con la época antigua. Otro caso es el de los toltecas, que también asimilaron la sabiduría que se había fundado tanto en Lemuria como en la Atlántida, y que al parecer procedía del planeta Venus. Su mente evolucionada, con parámetros de gran potencia como la de los egipcios, también se relaciona con la de antiguas civilizaciones. Como decíamos, la vanidad generó después un exagerado sentido de la autosuficiencia y el orgullo personal, que era importante para ellos, mermó su poder mental y espiritual. Pero no todos cayeron al abismo; existían almas que anhelaban superar sus defectos y esas almas absorbieron las enseñanzas de los seres superiores, se elevaron por encima de sus sufrimientos y la programación recibida quedó en su memoria. Como el alma no muere, a diferencia de su "abrigo", que es el cuerpo físico, sigue reencarnando y en este caso la programación que se plasmó en los bienaventurados continúa y seguirá ocupando constantemente nuevos cuerpos.

Existe el peligro, sin embargo, de que este mundo moderno se extinga. Ello enaltece la importancia de los seres de luz que guían a la nueva hornada de sabios que se está gestando. El futuro puede presentarse promisorio si las viejas almas, en cuerpos que apenas se están desarrollando, toman el mando y los destinos de la Tierra para iluminar absolutamente el sufrimiento de millones de seres que padecen de hambre y no cuentan con un hogar. Los niños de esta era asimilan la influencia de superación que nos otorga el poder angelical y estelar que corresponde al planeta. Todos recibimos esas influencias supremas pero no podemos absorberlas totalmente, la razón es que no tenemos el

ADN cuadriplicado que sí poseen los niños índigo y cristal. Ellos no lo saben, pero ya vienen dotados para identificarse con esas energías que van a ser puestas en sus manos y están siendo capacitados para recibir el poder mental del que son acreedores.

La lucha entre la oscuridad y la luz es eterna, mas puede canalizarse y transmutarse para implantar el equilibrio en la Tierra. Hemos hablado de la conexión de la sabiduría de los niños que vivieron en las remotas edades con la de las nuevas generaciones que podrán enfrentar las corrientes de pensamiento peligrosas. Los ejemplos no convencen a los que ya tienen injertada en su cabeza la idea de la ambición y del dominio sobre los más débiles. En las viejas crónicas de los atlantes se menciona que los hombres que obtuvieron poder y se sintieron dioses caminaron por el filo de la navaja al creer que sus dotes mágicas los pondrían a salvo de cualquier peligro, algo parecido a ciertos dirigentes de los países del mundo que se embriagan de vanidad y presunción, creyéndose superiores a los mortales. Ocurrió así con ciudades doradas como Lemuria y la Atlántida, cunas de una civilización avanzada, que hicieron grandes a sus moradores cuando eran seres de buena voluntad, pero éstos se dejaron tentar por los deseos de gloria y desataron entonces la tragedia.

Las mentes más preclaras e inteligentes, de acuerdo con autores como Spencer Lewis, conceden a los atlantes la autoría de las gigantescas construcciones en piedra en Cuzco, Perú y las colosales cabezas con rasgos negroides de San Lorenzo en México. Eran gigantes que construyeron también megalitos en Britania. Los megalitos inspiraron también leyendas o crónicas sobre la existencia de la Atlántida. Respecto a los druidas como herederos de la antigua sabiduría de la Atlántida, se menciona también un Stonehenge que podría representar un antiguo templo. Según los doctos, se va a fundar la séptima raza de hombres elegidos. Es la que se inicia con mayor fuerza en el continente americano.

5. Los misteriosos chakras y los niños de la Era de Acuario

Los grandes hombres iniciados en los misterios de la vida han sabido operar los centros de poder del ser. Los niños índigo y cristal poseen esta información grabada en sus récords de memoria y les resulta muy fácil, conforme va pasando el tiempo, ir despertándolos. Estos centros están conectados con el sistema glandular.

Los niños que no tienen el privilegio de vivir en una familia ordenada y que por razones de enfermedad no pueden demostrar sus cualidades mentales, deben recibir ayuda de sus maestros y familiares.

Ahora hay mucha información en internet y en el mercado editorial sobre estos niños índigo y cristal. Este libro ha sido pensado y escrito para todas aquellas personas del nuevo milenio que abrazan la paz y la armonía que debe imperar, meditando junto con otras para que, mentalmente, a través de la visualización, se cree un mejor mundo, una nueva era de progreso a la que debemos aspirar, trabajando alternadamente para descubrir en nosotros mismos los tesoros del alma humana que deben manifestarse en el ahora. Es necesario equilibrar, antes que nada, los pensamientos, pues en ellos radica el poder y también en ellos se encuentran las fórmulas de salvación que tanto deseamos. Armonizando esa energía cuya sed es la mente del hombre y de la mujer, podremos aspirar a una vida espléndida que no se puede lograr más que conociéndonos a nosotros mismos y descubriendo poco a poco todos los poderes que podemos manifestar en nuestras vidas. El estudiarse a sí mismos es el trabajo a seguir para que los padres seamos un ejemplo para los niños.

En cuanto a los centros de poder, éstos se caracterizan por sus canales de envío y recepción de energía. Son los llamados "chakras". La palabra "chakra" se ha vuelto muy familiar en el mundo occidental. Las personas la aceptan y estudian sus bases y lecciones en la literatura esotérica y metafísica. Desde que se comenzó a escuchar de los beneficios de la Era de Acuario, una era de avanzada, a la gente le interesó conocer un poco más sobre los espacios ocultos que son dignos de explorar también por los jóvenes y, desde luego, por los niños índigo y cristal que vienen equipados para manifestar estos poderes que para ellos no son una novedad, pues los ven con naturalidad, los sienten "familiares".

Nuestros chakras siempre están activos pero como no tenemos las claves para accionarlos, necesitamos estudiar y cambiar muchos hábitos de la vida moderna que nos perjudican y enferman. A través de un despertar de la conciencia respecto a estos centros de poder en nuestro cuerpo mental, existe un abanico de cualidades insospechadas. Por ejemplo, podemos recordar nuestras vidas pasadas, desarrollar la telepatía y la clarividencia.

Chakra significa rueda o disco. De acuerdo con los budistas, su símbolo es la rueda o "giro de la ley". El ser humano adulto o infante tiene un doble alter ego, digamos alma; es como una aureola o aura que cubre el cuerpo físico de la cabeza a los pies y no lo podemos ver, a menos que seamos videntes. Los chakras o ruedas son centros de fuerza y de enlace. En ellos fluye la energía del cuerpo, la energía física. Estos círculos miden aproximadamente cinco centímetros. Como son centros que proporcionan energía, cuando estamos cansados o enfermos van girando más despacio. Los hombres de bien que viven una vida armoniosa, sana y ordenada hacen girar correctamente estos discos o platillos refulgentes porque también cada uno emite variados poderes entre sí. Su actividad depende, como ya dijimos, de los estados de ánimo, de salud y de enfermedad, de la forma de pensar y de actuar. Pegados como filamentos, como una especie de hilos, los chakras enlazan las glándulas.

Más sobre los chakras

Este tema tiene mucho que ver con los niños índigo, pues se cree que su avanzada forma de pensar se relaciona con la velocidad de sus discos. Estos discos, ruedas o chakras se alinean desde el perineo, al nivel del ano, al centro del cráneo, y en su centro semejan una flor abierta. Es ahí donde fluye la continua energía del mundo superior; también se encuentran ahí las energías de los maestros más elevados, las cuales pertenecen y emanan del segundo aspecto del logo solar. El prana, que es la fuerza y poder infinito de la energía universal y también la energía primaria. En las personas con enfermedades graves y otras de bajo nivel mental, estos discos giran muy lentamente.

Los hombres, mujeres y niños sanos de cuerpo y alma emiten energía. Sus discos poseen vívida luz, por lo que les es más fácil obtener gran capacidad mental y física.

PRIMER CHAKRA

Se encuentra en la base del espinazo o el final de la columna vertebral, al nivel del perineo. He aquí una advertencia importante sobre este chakra: la actividad sexual que puede desatar. Si se abusa de ella genera una energía mas allá de lo normal que puede ser peligrosa. Porque es la fuerza superior del cuerpo y puede acarrear serios problemas.

SEGUNDO CHAKRA

El segundo chakra concede la facilidad de memorizar los sueños. Se dice que lo que soñamos es también la prolongación de la vida corriente, pues durante el sueño no estamos limitados por el cuerpo y la vida física, y tenemos la libertad absoluta de viajar a diferentes y misteriosos lugares. Comúnmente, al despertar ya hemos olvidado gran parte de los sueños. Este chakra puede facilitarnos el camino para recordar todo desde nuestro nacimiento hacia atrás, es decir, las vidas pasadas. Tomando en cuenta las opiniones de destacados autores, se dice que tenemos una sola vida pero vamos desarrollándonos a través de diferentes cuerpos.

TERCER CHAKRA

Está localizado en el llamado plexo solar, o sea, en el estómago. Este centro facilita los viajes astrales. Está situado en el bazo y su trabajo es distribuir la energía hacia otros chakras. Este chakra es el que recibe las emociones tanto buenas como malas. Se recomienda, de acuerdo con los maestros en la materia, que al recibir una emoción o coraje se cubra el ombligo con una mano. De inmediato el organismo se tranquiliza. En especial los niños índigo y cristal estimulan sin saberlo estos centros que los comunican al mundo de la belleza y fantasía infantiles, donde se encuentran las hadas, los duendes, los seres de la naturaleza y los que han amado y ya no están en esta tierra.

CUARTO CHAKRA

Es el que gira al nivel del corazón, y en el centro parece resurgir un brillante color oro. Este chakra tiene cierta relación especial con los niños cristal porque a ellos se les ha otorgado un poder para relacionarse con las piedras y los cristales. En épocas pasadas se esperaba que hombres y mujeres fueran despertando sus dotes espirituales. Ahora, ante la variedad de corrientes metafísicas y el descubrimiento de los niños índigo-cristal mencionamos a George Claude (1928, Fontainebleau), quien demostró la posibilidad de crear zafiros, cristales, esmeraldas y otras piedras preciosas utilizando como materia básica la arena del mar. Este trabajo se puede considerar como alta alquimia y así nos remitimos en la era moderna a los niños cristal e índigo, que vienen manifestando dotes sorprendentes. Este chakra también pertenece a los maestros que transmiten la enseñanza críptica budista, hermética, etcétera.

QUINTO CHAKRA

Se sitúa en la garganta. Emite colores azules. En los varones se ubica en la "manzana de Adán". El despertar consciente de este chakra desarrolla en el individuo la capacidad de dominar los obstáculos que le salen al paso y se convierte en un maestro de sabiduría. Los niños programados para estas tareas realizarán, con sus poderes, los cambios que se esperan para elevar la vibración y la energía del planeta y de sus habitantes.

SEXTO CHAKRA

Ese chakra frontal, el Tercer Ojo del que se han escrito tantos libros de autores budistas y occidentales, se sitúa en la entreceja. Es el chakra de la clarividencia. En los niños índigo observamos una capacidad innata para adivinar ciertos sucesos. En general, para despertar estos centros lumínicos se requiere de la orientación de un verdadero maestro para guiar a personas y niños. Cualquier espacio es propicio para estos estudios, muy alejados de la educación represora. En la escuela, las reuniones, los deportes y donde se realizan todo tipo de actividades recreativas puede impartirse esta nueva y revolucionaria enseñanza. Los niños índigo y cristal no se sorprenderán demasiado cuando llegue el momento de poner a funcionar estos centros en su propio organismo y alma. Estos niños ahora también se muestran como los maestros de los niños que no poseen la connotación índigo-cristal, así como de los que están enfermos o tienen dificultades para expresarse. Los niños, llamémosles discípulos de los índigo-cristal, avanzarán rápidamente para despertar sus talentos. Los caminos de la sabiduría tienen ruedas infinitas de conexiones para llegar a todos los que se interesen en el progreso. La relación con los ángeles es instantánea; la invocación y el deseo sincero e intenso de solicitar su ayuda crean estos milagros que alejan cualquier tipo de peligro que hay en el mundo material para evitar que se cometan injusticias contra los niños de este planeta.

CHAKRA SÉPTIMO

Nuevamente hablamos del tan mencionado color índigo o violeta, que concentra todos los tonos del espectro solar e impera entre las nuevas generaciones de niños. Estos niños expresan el más refulgente violeta en este chakra, símbolo de la sapiencia universal. Es el color del Cristo. Se le llama la Flor de los Mil Pétalos. Los maestros de la sabiduría universal afirman que este chakra emite 900 radiaciones de energía. El arte hindú y el japonés representan la imagen de Brahma y Nara, respectivamente, cuya antigüedad se remonta al año 749. El tocado de ambos maestros representa este chakra de la cabeza llamado "el chakra de la corona". En el maestro japonés se aprecia una llama que nos demuestra que este chakra está encendido. En Brahma, de India, se aprecia un tocado hecho a base de pétalos de loto y sobre el cráneo se representa la iluminación como un adorno de lotos pequeños también sobre la corona.

En la simbología cristiana vemos también que un aura rodea el cuerpo y la cabeza de Cristo, manifestando el séptimo chakra que significa también la ascensión.

Esos centros lumínicos, los chakras, irradian una energía muy peculiar. En los niños índigo, que utilizan ambos hemisferios cerebrales y eso les facilita el desarrollo de sus extraordinarias capacidades en comparación con las anteriores generaciones, los chakras son herencia de sus padres y abuelos, niños índigo también. Tomemos al azar un nombre famoso: Marcel Proust, el gran escritor francés, a quien podemos clasificar como niño y adulto índigo. Su abuela era una mujer excepcional, una poeta exquisita a quien Proust adoraba con pasión. La muerte de la mujer devastó al joven índigo Marcel Proust, que no cesaba de llorar por aquella desaparición.

La escritora norteamericana Nancy Ann Tappe, creadora de la denominación *índigo*, que significa color violeta o azul añil, hizo este descubrimiento porque es clarividente. En relación con los chakras, también coincide con el color violeta de los grandes maestros y los grandes seres iniciados. Este interesante y moderno descubrimiento en los niños agrada mucho a varios grupos de padres porque les ayuda a comprender de una manera más consciente a los niños en general. El amor por sus hijos inclina a los padres a creer que sus descendientes poseen estas asombrosas cualidades, lo cual los llena de orgullo. Observan entonces la desarrollada intuición que poseen, los poderes psíquicos que demuestran, su carácter firme y rebelde, que a la vez también es en momentos combativo. Son inquietos, muchos de ellos revoltosos, dinámicos, discutidores. Se confunde, si las personas no están bien informadas, que si algunos manifiestan movimientos incesantes no son a causa de la gran energía que tienen, sino se pueden detectar como niños con síndrome de hiperactividad (SDHA).

En el capítulo de alimentación y nutrición natural explicamos ampliamente las consecuencias de consumir alimentos industriales, causantes también de hiperactividad y que provocan enfermedades infantiles en general, aunque algunos autores opinan que el organismo de los niños índigo es tan fuerte que ningún microbio o virus permanece mucho tiempo en sus organismos. Sin embargo, aconsejamos, sobre todas las opiniones, los alimentos naturales.

Los niños índigo abundan en todo el mundo y con mayor razón si los padres saben conducirlos y alimentarlos bien. En China, con la práctica del Chi-Chong, una serie de ejercicios que mantienen el organismo y el cerebro en óptimas condiciones, aparte de la eficacia de la medicina china que en gran parte es naturista, se van desarrollando los poderes de la mente de los índigos. La nueva generación de súper niños irrumpirá con fuerza y tesón para que los países subdesarrollados y los que están en guerra no vuelvan a sufrir de hambre ni de muertes violentas.

Los niños índigo se enfrentan a una generación habituada a luchar por el progreso aunque en ello tengan que resistir variados sufrimientos y parezca que no se puedan vencer los obstáculos. Estos niños, ante tales condiciones y actitudes, se sorprenderán porque ya traen una programación de triunfo. En ellos no cabe la idea del fracaso, y muchos de los padres no conocen nada de estos seres que llegan, sin quererlo, a enfrentarse a costumbres y reglas que les parecen absurdas. Rechazan los regaños y la autoridad represiva. Padres y maestros no saben a veces cómo resolver los enfrentamientos con estas criaturas que no se parecen en nada a las pasadas generaciones.

Es de vital importancia que las personas interesadas en profundizar en el conocimiento de estos temas se documenten y puedan evitar así sorpresas continuas, desafíos y cuestionamientos que les estarán haciendo continuamente sus niños. La idea de reprimirlos es un gravísimo error que no va a dominarlos. Por el contrario, dialogar con ellos es preferible adoptando una actitud amable, cariñosa y comprensiva. Lo mismo ocurre con los maestros. Adecuar los sistemas de educación en un reto complicado. Estos niños no entienden los viejos y atrasados moldes de enseñanza, y lo que puede venir es que aborrezcan la escuela y se nieguen a estudiar. Ante esta reacción, los padres se disgustan y las discusiones se convierten en un caos y drama que pueden afectar realmente a la familia, especialmente a ellos. A estas fechas, los padres que pretendan dominar por medio del miedo y las amenazas a sus hijos deberán reorientar su comportamiento porque ellos responderán y exigirán sus derechos. Los padres peligrosos son aquellos que quieren heredar incluso su profesión y oficio por la fuerza.

Los niños también se niegan a seguir instrucciones en las escuelas y jardines de niños, que muchas veces les parecen absurdas, obstinadas y sin creatividad, porque es lo que más tienen ellos. La tendencia hacia todas las artes es otra de sus muchas cualidades. Así como quieren pintar, danzar, tocar instrumentos, tienen una gran disposición para las ciencias, para encontrar nuevos cauces que ayuden a la humanidad, y parecen percibir mensajes de otros niveles más allá de la Tierra. También les interesan los videos, el cine, los cómics y los superhéroes. Los héroes de la televisión poseen poderes extrasensoriales. A diferencia de esos héroes de ficción, ellos desean tener poderes reales, no fantasiosos, y que en su ejercicio se demuestren bondad y alta espiritualidad, no como en estos tiempos, donde en la televisión abundan las pistolas, la sangre, las explosiones, donde se repiten las imágenes de hombres luchando a muerte en contra de sus hermanos. Los padres deben tener mucho cuidado para que sus hijos no se identifiquen con estos modelos de conducta.

Los niños índigo que no son comprendidos por sus padres o que hasta son golpeados crean un karma personal, una deuda que tienen que pagar pero ellos no lo entienden. Esta situación puede frustrar sus expectativas y crearles rencores exacerbados. Si siguen creciendo así no es difícil que se vuelvan adictos a alguna droga o cometan actos de ilegalidad. Ellos se niegan a seguir instrucciones y se revelan contra los maestros, sean de educación primaria o secundaria. Las más de las veces las reglas impuestas les parecen absurdas y sin creatividad. Lo que más les atrae es lo que exija creatividad.

Esperamos sinceramente que esta información sobre los niños en general se expanda hacia todos los padres de familia de todos los niveles sociales, económicos, culturales, etcétera, lo que representará un gran progreso para la población. Los padres y maestros aprenderán a comunicarse con estos niños tan peculiares de una forma más sencilla y objetiva.

6. Cómo relacionarse adecuadamente con los niños índigo y cristal

Los niños cristal se pueden identificar porque son muy dulces, amistosos y profundamente sensibles. Esto no significa que no hagan algún berrinche, pero de suyo son tiernos y juguetones; también obedientes si se les conduce de forma inteligente. Se les relaciona con los ángeles pequeños como los querubines y querubes.

A algunos padres de niños cristal les solicitamos que, si tenían alguna anécdota interesante, nos la contaran para que la publicáramos y sirviera de experiencia a otros padres. Según varias experiencias vividas por los niños cristal y relatadas por sus padres, al contrario de los índigo que poseen una energía interminable, los cristal son un poco más tranquilos y les gusta socializar. Las personas que poseen el don de la clarividencia de las auras, observan que las de los niños cristal, las más de las veces, emiten tonos de suave azul pastel. A veces, esos tonos cambian por gamas de colores variados.

Los niños cristal son sumamente cariñosos con sus compañeros y les agradan mucho las mascotas. Sus padres se desconciertan cuando les hablan de cosas extrañas que no van de acuerdo con su edad, por lo que se cree que tienen capacidad para recordar sucesos de vidas pasadas. Seguramente sucesos que han quedado profundamente grabados en sus mentes. Las influencias de Urano sobre la Tierra son captadas por los niños tanto cristal como índigos. Su principal característica es la libertad de expresión. Son comunicadores por excelencia. Sus espíritus antiguos han acumulado una memoria infinita. Según los expertos en el tema, es muy probable que alguno de estos niños también posea la capacidad de elegir a sus padres. Estos niños crean lazos muy fuertes con sus abuelos, por quienes tienen especial preferencia si es que son cariñosos y comprenden las capacidades de estos niños. A ellos les encantas los cuentos de hadas y de duendes pues parece que estuvieran demasiado familiarizados con ellos. Para relacionarse con ellos se debe asumir una gran responsabilidad, no herirlos ni mal educarlos. Son dóciles y comprensivos. Nunca hay que obligarlos a que hagan algo con lo que ellos no están de acuerdo. La conducta a seguir es brindarles comprensión, cariño y seguridad a estos niños que ya traen sabiduría. Se recomienda que los padres y los miembros de la familia que tengan contacto directo con los niños cristal se interesen por las nuevas prácticas de relajación y meditación que servirán para atender su carácter fuerte y dominante, el cual puede conducir a que los niños cristal se sientan muy tristes, desvalidos e incomprendidos. Si tomamos en cuenta que se nos ha otorgado una misión espiritual, tenemos que agradecer ese privilegio para aprender a guiar por la vida a estos niños.

Padres, abuelos, tíos y demás familiares, así como maestros y educadores del jardín de niños y las primarias pueden, en algún momento y por falta de información, etiquetar a estos niños como seres un tanto extraños y los pueden tachar de inadaptados o con alguna enfermedad nerviosa.

Lo primero que se debe hacer, y aunque parezca repetitivo, es informarse ampliamente sobre el tema de los niños índigo y cristal. Además, si los familiares son creyentes, deberán invocar a los ángeles guardianes y a los que ejercen poder sobre las influencias zodiacales de los niños, como ya lo hemos descrito. Charlar con ellos de una manera convincente y divertida, humorística, creará una hermosa relación. Ayudará inclinarlos desde pequeños a la meditación, yendo más allá de una oración que muchas veces sólo se recita en forma mecánica. Si los niños empiezan a recibir la información espiritual adecuada se librarán de muchos complejos y tendrán más seguridad en ellos mismos. La cantidad de información que existe ahora sobre estos tópicos servirá mucho a los padres para que estas almas que ahora pueblan el mundo con el fin de reconstruirlo, de transformarlo, no reciban una mala orientación que frustre su potencia mental y luminoso destino que es realizar esa obra cumbre.

Si comprendemos la profundidad de estos hechos y la responsabilidad que tenemos que asumir, estaremos sembrando un camino de éxito y felicidad para ellos. Una vez convencidos de la importancia de esta labor ya no se verá a los niños como simples criaturas cuyas aspiraciones para los padres consisten en que terminen una carrera, se casen, formen familias y disfruten de una buena posición económica. Eso está muy bien y es positivo, pero también nos enfrentaremos a la verdad de que ellos serán los líderes de una humanidad más sana que pueda aspirar a la paz y la fraternidad entre sus congéneres.

Hoy por hoy, los poderes de la mente están aletargados, y la mayoría de la población no sabemos cómo despertarlos. Para ellos será sencillo, porque son poseedores de un súper cerebro. Estos postulados pudieran ser discriminatorios para los niños que no expresen la inteligencia de un niño índigo, pero todos los niños, así como también los mayores, podemos "despertar", como ya lo dijimos refiriéndonos a los centros nerviosos, los chakras, para que fluyan energías poderosas en los cuerpos étericos.

Los niños índigo y cómo trabajar con ellos sin fracasar

Para no obstaculizar el rumbo vital de los niños índigo hay, entonces, varias consideraciones importantes; tomarlas en cuenta y actuar en consecuencia ayudará a comprenderlos y a mejorar la relación con ellos.

Las reglas sociales no les atraen mucho porque pueden coartar su libertad. Tampoco da buen resultado que se les impongan ciertos protocolos que son producto de tradiciones familiares añejas y no armonizan con ellos. La imposición puede ponerlos de muy mal humor. Por ejemplo, someterlos a ceremonias religiosas de larga duración es algo que no resisten. Hablarles de los ángeles como enviados y emisarios del Cielo les puede divertir mucho más que repetir una oración. Ellos vienen y han llegado para practicar la meditación y la visualización.

Para ellos la escuela puede ser muy divertida pero también aburrida y frustrante si los maestros siguen obedeciendo rígidos sistemas de educación que carecen de creatividad y chocan con estos niños que fundamentalmente son creativos. Si los índigos no obedecen es porque juzgan esas enseñanzas como anticuadas y ante ellas aflora su salvaje franqueza. Los maestros los consideraran de inmediato "niños problema".

En estos casos, si los papás investigan y se informan bien sobre las características y necesidades de los niños índigo contarán con eficientes conceptos para dialogar amistosamente con los maestros de sus hijos, invitándolos también a ser más flexibles y a conocer más del tema. Los educadores que se aferran a los viejos clichés se quedarán atrás, sin desconectarse de sistemas que ya no funcionan en la era moderna.

Maestros y padres, anclados todavía a sus ideas muy enraizadas y en desuso, lo único que harán al tratar de imponérselas a los menores será mutilar en éstos sus capacidades y llevarlos a sufrir frustraciones dolorosas. Se volverán, por ende, rebeldes y testarudos.

Es muy sano despojarse de la idea de que sólo por serlo, padres y maestros deban de tener por fuerza la razón. Es por ello que se hace indispensable la investigación y aprovechamiento de la basta información que se encuentra actualmente tanto en Internet como en libros. Asimilarla moverá a que aflore en las personas mayor libertad de pensamiento y se abran los candados que los tienen atrapados mentalmente, sujetos al pasado y sordos a los nuevos conceptos de progreso, libertad y espiritualidad.

7. Testimonios

PRIMER TESTIMONIO

En una colonia ubicada al sur de la Ciudad de México, una abuela nos ofrece el siguiente testimonio, que mucho tiene que ver con el hecho de que algunos niños tienen capacidades extrasensoriales aún antes de nacer.

Mi nombre es Virginia Ramos. Me encontraba en el año de 1995 en la ciudad de Los Ángeles, donde vivía mi hijo mayor. Él tenía ciertos problemas y por eso no podía volver a México para cuidar a mi hija que iba a dar a luz a su segundo hijo. Una noche soñé que estaba sola en una gran feria. Yo era la única persona en aquel extraño lugar, y aparte era de noche. Un impulso me llevó, o más bien me guió, hacia uno de los juegos de la feria. Era una pista de "cochecitos chocones". Me acerqué con curiosidad hacia la pista y uno de esos cochecitos vino hacia mí. El conductor era un niño pequeño, casi un bebé, que guiaba aquel cochecito. El bebé daba golpes continuos contra el volante y lo giraba; de la antena del coche, muy larga, salían chispas. Me pareció muy gracioso y quise acercarme a él. Le dije algunas palabras cariñosas, como si fuera algo mío. El sueño se esfumó. Curiosamente inicié otro sueño. Me vi en mi casa de México. Salía a hacer unas compras, cuando de repen-

te apareció mi hija en dirección a mí, pero yo iba cargando a un bebé, al que de inmediato relacioné con el niño de la feria. Íbamos a una esquina en donde haríamos unas compras. De repente el niño se inquietó mucho en mis brazos cuando vio acercarse a la mamá. Se estiró para alcanzarla, apoyando sus piecitos en mi costado con una fuerza tremenda. A las dos nos causó mucha gracia lo sucedido. El sueño me impresionó tanto que ya no pude dormir y estuve pensando mucho en ese bebé.

Cuando volví a México ya había nacido mi nieto y tenía tres meses. Lo cargué y en ese momento recordé aquel sueño, y más grande fue mi sorpresa cuando después de hallarse en mis brazos se mostró inquieto al ver a la mamá. La escena que siguió fue exactamente igual a la que yo había tenido en mi sueño. Se estiró con fuerza y clavó sus piecitos en mi costado para impulsarse.

Mi hija y yo hemos comentado mucho aquel hecho.

SEGUNDO TESTIMONIO

Curiosamente, otro testimonio de una niña cristal de tres años de edad. Estos niños, tanto los cristal como los índigo, crean lazos muy fuertes con sus abuelos si estos son tiernos, juguetones y saben contar bellos cuentos de hadas y de duendes, lo que les entusiasma mucho a los cristal. Este testimonio ocurrió en la Ciudad de México también, en la zona oriente.

Todos los domingos, la familia Castillo visitaba a los abuelos. Cierto día, la niña Mariela parecía preocuparse mucho al ver que la abuela daba vueltas por toda la casa, sacaba cajones buscando algo y de vez en cuando se secaba alguna que otra lágrima. Mariela era muy curiosa y quería saber qué pasaba, pero no sabía cómo preguntar. Lo que sucedía es que su abuela lloraba porque había perdido un cofre con varias joyas de la familia, no eran precisamente muy valiosas pero tenían un valor estimativo muy grande. Eran unos aretitos de turquesa, un anillo con una piedra de granate y un broche con piedras de amatista. Aquellas joyas habían pertenecido a la mamá de la abuela de Mariela. Lo extraño era que nadie los había tomado.

La abuela, en su preocupación, llegó a sospechar de una sirvienta a la que apreciaban mucho, pero era la única que parecía sospechosa. La abuela también pensó que en algún momento un extraño podía haber entrado a la casa, lo que también parecía ilógico porque las circunstancias no se prestaban para ello.

Mientras la familia hacía conjeturas, Mariela se puso a dibujar con sus crayolas muy entusiasmada, pero de repente se alejó de la familia y fue hacia las recámaras, hecho que no sorprendió a los demás, pues en la casa de los abuelos también había algunos juguetes que a ella le gustaban. La abuela, desconsolada, afirmaba que ya había volteado la casa al revés, sin hallar aquellas joyas tan estimadas.

Mariela volvió de pronto a la sala. En sus manos traía anillos, aretes y prendedores. Los entregó silenciosamente a su abuelita. La mujer se sorprendió; no cabía en sí de gusto y llenó de mimos a la nieta. Este fue un caso que nos narró la familia Castillo y que, después de intercambiar opiniones sobre los niños índigo y cristal, llegaron a la conclusión de que en ellos existe cierto magnetismo para atraer esas joyas que probablemente habían quedado en algún rincón en donde no se habían buscado.

TERCER TESTIMONIO

Entrevistamos a unas educadoras de un jardín de niños, que nos relataron una anécdota de un alumno de un poco más de tres años. Las dos educadoras, Susana y Claudia, nos dieron los pormenores del hecho. Así comenzó Claudia:

Luego luego nos dimos cuenta de que Jorgito era un niño muy problemático. Aparte de que daba mucha lata, era muy inquieto, siempre se la pasaba molestando a los demás. En una ocasión, a la hora del recreo, permaneció quieto, sin jugar ni moverse continuamente, lo cual no dejó de extrañarnos, porque casi era increíble que estuviera mirando hacia lo lejos como si hubiera entrado a otra dimensión. Pero muy pronto descubrimos las intenciones aviesas de Jorge, quien estaba observando a otro niño, un poco más chiquito que él, de nombre Paquito.

Interviene Susana:

Nos dimos cuenta de que Jorge estaba midiendo a otro pequeño, que quién sabe por qué antes había logrado subirse a una barda de 1.60 m. Se hallaban en el jardín. Paquito estaba muy contento, paradito como queriendo jugar al equilibrista, pero como que se tambaleaba un poco. Jorge, el que nos traía de cabeza, comenzó a calcular la distancia que lo separaba de Paquito. De pronto corrió hacia el niño con toda la intención de aventarlo, pero Claudia y yo corrimos más rápido que él y alcanzamos a agarrar a Paquito casi en el aire, evitando así un accidente.

Llamaron a la mamá. Ella dijo que unas personas le habían dicho que su hijo tenía todas las características de un niño índigo y lo justificaba diciendo que era más inteligente que ninguno y que las educadoras le tenían mala voluntad. Las educadoras confesaron que tenían poca información sobre los índigo y le dijeron a la mamá de Jorge que, índigo o no, estaba muy consentido y eso lo estaba perjudicando.

La mamá de Jorge se disgustó mucho y no creyó en lo que le habían contado las maestras. El resultado de esta historia real fue que Jorge fue expulsado del jardín de niños porque la directora no se quiso hacer responsable de que ocurriera algún accidente, pues anteriormente había golpeado a otros niños.

Es necesario señalar que se debe estudiar bien este tema de los niños, pero tratando de no perder el sentido común. Si a un niño que sí puede ser índigo se le permite esa gracia y que abuse y obligue a los demás a que hagan sus caprichos, el problema está más en los padres que en él porque su inteligencia no está siendo bien encauzada.

CUARTO TESTIMONIO

La madre de Sergio comentó que su relato se basa en lo que su hijo le contó "de pe-a-pa". La historia es la siguiente:

Sergio se hallaba un día en el salón de la escuela. Es un niño de 8 años. En el salón sólo había varones. Estaban haciendo un avión de papel indicado por la maestra. De repente, ella ordenó: "Se quedan trabajando, no se levanten de sus lugares, yo voy a salir a la dirección y cuando regrese vamos a volar el avión, ¿eh? Cada quien va a volar su avión de papel. Pero óiganlo bien, si yo regreso y veo a un niño de pie, ese niño que esté de pie no va a volar su avión". Según Sergio, en cuanto la maestra se fue muchos niños se quedaron sentados, pero la mayoría se pusieron de pie y estuvieron jugando y aventándose cosas en la cabeza y tratando de eludirlas. Tal parecía que disfrutaban mucho desobedeciendo las órdenes de la maestra, que según Sergio era muy estricta. Cuando escucharon el taconeo de los pasos de la maestra que se acercaba a toda prisa al salón, todos corrieron a sus lugares, tapándose la boca para que ella no oyera sus risas, menos Sergio, que se quedó parado ante el asombro de los demás. La maestra, al verlo, se irguió enojada y dijo en tono de amenaza:

—Sergio, ¿por qué se pararon? Estás de pie y dije muy claro que no quería a nadie parado. Y como sigas así pues no vas a volar el avión.

—Ah —respondió Sergio—, yo me paré porque no me interesa volar el avión; o sea, para mí no es importante volar el avión. Y yo me puedo parar el tiempo que quiera, a mí me vale el avión.

—Pues no, Sergio —dijo la maestra—. Aquí se obedecen las reglas y ya se te ordenó no pararte.

—Maestra —agregó Sergio—, usted dijo que yo no me podía parar si quería volar mi avión. Pues no lo quiero volar.

—Pues estás castigado —sentenció la maestra, ya en el

colmo de la desesperación y el disgusto mientras los demás se reían a hurtadillas.

—¿Pero por qué castigado? —reclamó Sergio con indignación—. Está bien —dijo Sergio—, pero no quiero que usted me dirija la palabra porque estoy muy enojado.

El final de esta historia fue que, ya en el clímax del enojo, la maestra mandó llamar a la madre de Sergio. Teresa, la madre de este niño, le dijo a la maestra que Sergio era muy preciso en sus determinaciones. La maestra, llevada por sus ideas personales, calló a la mamá diciéndole que el muchacho era un irreverente, un rebelde y que de seguro ella era una madre consentidora.

QUINTO TESTIMONIO

La mamá de Carlos relató otra experiencia:

Carlos es un niño muy inquieto. Estábamos haciendo la tarea y le dije: "Carlos, hace rato que miras para arriba y para abajo y te estás distrayendo".

Carlos, que tenía que leer las instrucciones de un ejercicio que le habían dejado de tarea —estaba cursando el segundo año y tenía 7 años— se opuso de forma muy rebelde a leer las instrucciones y yo me exasperé. Estuve con paciencia viendo lo que él quería hacer, todo lo estaba haciendo mal y con mucho desgano. Como también soy una mamá un poco explosiva, le quité el cuaderno con coraje y le borré todo lo que había escrito tan mal. Puedo asegurar que exploté como un barril de pólvora.

Carlos se exaltó y me gritó que yo no tenía derecho a borrarle sus tareas. Fue tal su enojo que me picó con fuerza con su dedo índice en la garganta, lo que me dolió mucho y entonces, a pesar de que he leído sobre los niños índigo y cristal, perdí la cabeza y le di un par de nalgadas. Por lo mismo, sé que no se les debe castigar así. Le advertí, luchando por controlarme, que no se atreviera a volverme a lastimar.

Se puso a llorar, pero no porque estuviera arrepentido, o como otros niños que se espantan de los regaños de sus padres, pues fue al contrario, se opuso al castigo y me desafió:

—¡Ah, pues entonces no entiendo como tú me puedes pegar a mí!

—¡Ah, pues porque soy tu mamá, por eso te puedo pegar cuando no te pongas a hacer lo que son tus obligaciones! Me resisto a llegar a eso, por lo que te pido que mejor platiquemos y nos pongamos de acuerdo.

—Pues eso no está bien —dijo—. Si tú me puedes pegar yo también puedo pegarte a ti.

—Pero ¿por qué? —le dije—. Yo soy tu mamá.

—¿Y qué? Si tú no me respetas, yo tampoco te respetaré.

Por más esfuerzos que hice no me fue fácil hacerle comprender que yo represento la autoridad. Se fue a su cuarto y permaneció mucho tiempo silencioso. Al poco rato se calmó, me pidió perdón, e hicimos las paces después de pedirle que no volviera a ocurrir un episodio semejante.

Investigué con unas personas que han ido a cursos de niños índigo y cristal y me dijeron lo siguiente: "A los niños índigo les parece extraño que existan autoridades que impongan el bien y el mal. En este caso, lo más conveniente es hablar con ellos sin exaltarse sobre la responsabilidad de los adultos, de los padres y *de los abuelos. Requieren de padres tranquilos que entablen comunicación con ellos". Siempre hay que estar alerta para conducir a nuestros hijos.*

SEXTO TESTIMONIO

Son muchas las anécdotas de niños índigo y cristal. Hemos entrevistado a varias mamás, también a varios maestros. Una de las mamás, que también cree en los niños índigo y le agrada mucho esta idea, nos relató la siguiente anécdota sobre su niño Pepe, de 8 años.

Un día, en su casa, dejó de ver la televisión y le preguntó repentinamente a su mamá:

—Oye, mamá, ¿qué parentesco entre ellas van a tener mis esposas si llego a tener dos?

—Espérate —le respondió Rosa, su mamá—. ¿Qué estás diciendo, que vas a tener dos esposas?

Rosa se desconcertó más que otras veces por las ocurrencias de su hijo, pero él, muy tranquilo y de forma natural continuó con sus preguntas como si nada.

—¿Qué van a ser? ¿Cuñadas... o qué?

—Oye —le dijo su mamá—, tú sólo vas a tener una esposa, eso es lo normal.

—¿Una nada más? —respondió Pepe muy risueño.

Rosa no explicó que antes de su actual matrimonio había estado casada y se había divorciado, de manera que Pepe asoció a los dos esposos de su mamá como algo que él veía normal, pero le preocupaba saber qué tipo de parentesco habría entre las dos supuestas esposas que ya estaba proyectando en su futuro.

Rosa habló largamente con él y le dijo que no tenía por qué hacer lo que ella había hecho, pues su primer matrimonio, le dijo, no había llegado a buen término, pero nunca tuvo al mismo tiempo dos esposos.

Pepe se quedó muy pensativo, como reflexionando, y al fin dijo:

—Ah, bueno sí, pero si me pasara lo que a ti, pues también me gustaría otra esposa.

Rosa vio de buena gana la ocurrencia de su hijo y le aconsejó que en aquellos momentos sólo se preocupara por estudiar y comportarse muy bien.

SÉPTIMO TESTIMONIO

Respecto a los "noviazgos" que se dan en la infancia actualmente, aun en los años más tiernos, abundan historias sobre cómo dejan asombrados a padres y maestros. La siguiente fue proporcionada en otro jardín de niños, en una colonia del oriente de la Ciudad de México.

El niño de tres años, de nombre Daniel, tenía mucha suerte para que las niñas lo siguieran a la hora del recreo. Él se dejaba admirar; de suyo, era caballeroso y, por cierto, muy fuerte, pues estaba bien alimentado y consumía tranquilamente dos raciones de colación. En esos momentos sus admiradoras, que comían menos, no lo molestaban. Karen era la más interesada, una rubiecita muy simpática, también de tres años.

Daniel, una vez lleno el estómago, cargaba a Karen y tomaba de la mano a otra llamada Araceli. Daniel sabía muy bien que a Karen le encantaba que la cargara; él se inclinaba más por Karen, a la que no dejaba caminar, y ella se sentía como una princesa. Como Daniel es un niño muy fuerte, lo hacía sin esfuerzo, según dice su mamá, al relatarnos la historia. Pero Araceli no se conformaba y lo jalaba, de modo que en el recreo Daniel se la pasaba más cargando a Karen y le permitía a Araceli que lo jalara de un brazo. Un día, la mamá de Daniel nos contó que cuando fue por él al jardín de niños, le dijo un poco preocupado y con cierta timidez:

—Es que ya tengo dos novias.

Su mamá se rió discretamente y de repente no supo qué decirle.

Por esos días su mamá acudió a una junta escolar. Y ella misma nos narra lo que pasó.

Me quedé muy sorprendida y le dije que más bien eran sus amiguitas y compañeras.

El niño se quedó callado, como reflexionando.

Daniel no hace mucho caso de las reglas, me vio entrar al salón y se metió conmigo. La directora lo sacó de inmediato, regañándolo. Cuando salí le llamé la atención porque desobedecía las reglas. Me explicó que quería dinero para invitarles unas golosinas a Karen y Araceli. Rezongó y dijo que no lo volvería a hacer. Me alejé y, de repente, "la novia" Karen me alcanzó y me dijo, bastante molesta: "No quiero que regañes a tu hijo porque él va a ser mi esposo".

OCTAVO TESTIMONIO

Este testimonio trata sobre un incidente ocurrido en Guadalajara, Jalisco, el 9 de mayo del año 2006. El señor Sergio de la Rosa (esta persona sí quiso dar su nombre real) habla sobre su hijo David de la Rosa:

Hechos curiosos han ocurrido con mi hijo. Cuando se acercaba la hora del parto, a mi esposa se le rompió la fuente. Faltaban algunos días, pero parecía que el niño quería llegar a este mundo antes del tiempo fijado, lo que nos asustó, pero a Dios gracias todo salió muy bien y David nació sin problemas. Cuando salí del quirófano hacia el cuarto de hospital y me reuní con mi esposa, David venía en brazos de una enfermera que caminó cerca de nosotros y nos sorprendió mucho que acabado de nacer casi se irguió un poco y volteó a vernos fijamente a mí y a ella. Nos sorprendió mucho, pues parecía como que quería decirme algo.

El niño creció y vimos que era muy inteligente. Yo me hice un padre protector, lo cargaba mucho y creo que a eso se debe que se tardó un poco en hablar, a diferencia de otros niños. En especial a nosotros nos agradan mucho las fiestas de Navidad, pero en mi familia no se acostumbra pedir juguetes a los Reyes, más bien se le pide al Niño Dios. Yo no he querido que mi hijo crea que el Niño Dios le ha de traer regalos en la Navidad, pues así es mi forma de ver. Yo le digo: "Mira, hijo, ¿qué te gustaría para la Navidad?" Él me dice lo que quiere y se lo doy, pues para qué andar con fantasías. Pero él escucha a sus amiguitos a los que les traen juguetes "Los Reyes" o "el Niño Dios", pero yo pienso de esta manera: cómo Dios permite tantas cosas malas. Ni modo que los niños puedan creer en estas fantasías, para mí es preferible decirles la verdad y así estamos bien.

Un día, mi familia y yo fuimos con unos amigos a un restaurante. David se hizo amigo de otro niño más o menos de su edad que nos acompañaba. Todo el grupo platicábamos y nos desentendimos un poco de los niños, que platicaban y platicaban y jugaban. De pronto, la mamá del niño, que llamaremos Enrique, comenzó a llamar a su hijo, pero el niño no respondía.

Le preguntamos a David, pues él estaba con aquel niño, pero mi hijo también dijo que estaba con su amigo y de repente ya no lo vio. La alegría del grupo se esfumó y todos nos pusimos a buscar al niño como locos. Había gran zozobra y aflicción entre todos nosotros. Le pregunté varias veces a mi hijo que se acordara qué había pasado, si había visto para dónde había caminado Enrique, a lo que David me respondió y me dejó pasmado.

—Le estoy llamando desde hace rato, pero no me quiere contestar, no sé por qué.

—Pero, ¿qué estás diciendo, David? A ver, explícate, no estés jugando y menos con algo tan delicado.

Pero pasaban las horas y ni señales del niño que se había perdido y para colmo David seguía insistiendo en lo mismo, que su amigo estaba callado y no quería contestar. Porque si le decía dónde estaba, David nos llevaría a ese lugar.

Para entonces la tensión nerviosa era ya insoportable en el grupo. La mamá estaba desolada. Continuamos buscando por los alrededores y quedamos igual, sin la menor noticia del niño.

David seguía repitiendo continuamente: "¿Dónde estás? ¡Contéstame!" Lo hacía como si estuviera llamándole por teléfono o celular, lo que me desesperó más. Después de varias

horas de infinita angustia e incertidumbre, al fin David gritó muy risueño y vino hacia mí:
— ¡Papá! ¡Ya me contestó Enrique!
El señor Sergio se impacientó, pues le pareció una locura lo que estaba diciendo el niño.
— ¿Otra vez con ese jueguito, David?
—No, papá, te aseguro que él ya me respondió, oí su voz en mi cabeza y ya sé en donde está, te lo voy a decir.
Yo no soy hombre que crea en fantasías y más viendo que la mamá del niño que se había perdido estaba en una mar de llanto y de angustia. David insistió con cierta impaciencia.
—Está en una tienda de maquinitas y no quiere salirse de ahí.
No quise creerle, pero le aconsejé a mis amigos que fuéramos a donde nos iba a conducir David. Tal vez el niño le había dicho desde antes que iba a estar ahí. En efecto, llegamos a ese negocio de maquinitas y ahí estaba el chamaco muy feliz, maniobrando una máquina. Los papás lo regañaron duramente pero le dieron las gracias a David, al Cielo y a todos los ángeles por encontrarlo.
Luego yo le dije a David:
— ¿Cómo iba yo a creerte?
—Claro —contestó él—. Si no crees en nada, tampoco me ibas a creer a mí. Te dije la verdad. Me distraje y él se fue.

El señor Sergio se quedó muy asombrado al descubrir que su hijo tenía facultades para la telepatía.

NOVENO TESTIMONIO

Retomando el tema de los atlantes, hemos investigado sobre un jovencito de 16 años que ha vivido con sus padres muy cerca del cerro del Tepozteco, en Tepoztlán, Morelos. Este centro llamado ahora ceremonial atrae a muchas personas interesadas en la historia antigua de la zona. Las macizas montañosas llaman la atención de habitantes y turistas extranjeros y mexicanos por todas las historias que se tejen desde tiempo inmemorial y también del actual. Los estudiosos de todos los fenómenos que han ocurrido en esta tierra dan fe de que han transcurrido ocho mil años entre el diluvio de Noé y el año 1529. En estas investigaciones destaca el trabajo del maestro Daniel Ruzo, peruano de origen, antropólogo y personaje distinguido que ha investigado a fondo los misterios del valle sagrado de Tepoztlán.

El rey de España, en el año de 1528, le ofreció a Hernán Cortés el reino de Michoacán, pero prefirió ofrecerle toda la comarca de Tepoztlán. Es ahí donde se hallan las montañas y los bosques sagrados, templos de la cuarta humanidad. Daniel Ruzo explica en su libro acerca de Tepoztlán que esos cerros tienen extrañas formas que al parecer fueron esculpidas por viajeros del espacio. Se dice que Tepoztlán es un lugar lleno de un poderoso magnetismo y que emite inconmensurables poderes de energía cósmica.

Se supone que este valle sagrado fue cuna de reyes de la antigüedad y guarda secretos del tiempo del diluvio universal. Maestros yoguis que visitan el lugar e incluso viven ahí e imparten clases, afirman que en el caso de una conflagración, Tepoztlán es un lugar apropiado y perfecto para alcanzar la salvación de quienes la merezcan.

El arca de Noé, salvándose del diluvio, quedó en la cima del monte Ararat.

¿Es Tepoztlán semejante a esos montes que salvaron el arca de Noé, ocupada por seres que en ningún momento perdieron la conexión con el supremo creador y manifestaron siempre las virtudes y cualidades de hombres y mujeres respetuosos de la vida humana y también del planeta?

DÉCIMO TESTIMONIO

Las nuevas investigaciones sobre niños índigo y cristal los conectan al fenómeno ovni. Los visitantes del espacio pueden ser transmisores de los mensajes de los ángeles, y según las bases y facultades para canalizarnos se exige entrenamiento, disciplina y buena voluntad. De otra manera no se puede tener acceso a una comunicación de tal índole.

Si la naturaleza de los ángeles corresponde, por su propia energía, a una vibración mental de otras dimensiones de las cuales no tenemos siquiera el más pequeño atisbo, basándonos en la lógica podremos comprender que los viajeros del espacio son seres que transmiten el mensaje de los ángeles y sus fórmulas de pensamiento y acción sólo pueden merecer de los humanos elevados pensamientos y conducta.

Noé, al enfrentarse a los peligros del cataclismo, habría llamado en su auxilio a los ángeles protectores. Algunas personas que investigan e interpretan los textos bíblicos y las profecías de los grandes videntes como Nostradamus, por nombrar alguno, afirman que en efecto el arca de Noé pudo ser también una poderosa nave espacial cuyos pasajeros eran la familia de Noé y un grupo de personas que pensaban como ellos, aparte de las parejas de animales que también habían sido instaladas allí. El monte Ararat, donde quedó esa arca con nave, tal vez simbolice algún sitio de salvación.

Poco a poco, en estos tiempos de descubrimientos espirituales nada quedará oculto a los ojos de los que quieran ascender y aprender nuevas cosas, por lo que hemos estado interesados en investigar el fenómeno índigo y cristal. Se han realizado visitas a personas interesadas en el tema, para indagar directamente con las personas, niños y jóvenes que han protagonizado ciertos hechos dignos de contarse.

Iván López de Nava, conjuntamente con su mamá, Josefina Hernández, lo mismo su papá Carlos López de Nava, experto en yoga y varias disciplinas esotéricas, así como el hermanito menor Omar, han vivido en Tepoztlán por tiempo prolongado. Josefina afirma que a su hijo el mayor le encanta aquel lugar y todo el misterio que se desprende en el valle sagrado. Gusta también de las historias que pululan en la zona acerca de las naves interplanetarias.

Iván es estudiante de bachillerato; también es campeón de ajedrez y aparte de eso le interesa mucho investigar sobre todos los fenómenos que ocurren en ese lugar. Tepoztlán, ciudad de los atlantes fundada según datos de los investigadores después del diluvio universal, ¿estará influenciando a las nuevas generaciones para imprimir en ellas la necesidad del avance espiritual técnico que algún día existió en las antiguas Atlántida y Lemuria, y ahora

también se puede fundar una nueva civilización en México, especialmente en el valle sagrado, donde jovencitos como Iván, que manifiestan gran inteligencia, podrán ser herederos de la sabiduría más antigua en el mundo?
Iván afirma que sí hay naves en Tepoztlán. Su mamá, Josefina, narra la siguiente experiencia:

Antes de entrar de lleno a lo que nos pasó, y que a mí me dejó muda y fría, te contaré que cuándo Iván era muy pequeño, su papá y yo lo llevábamos seguido al cerro del Tepozteco. Un día subimos por la parte de atrás, lo que no es nada fácil, porque hay muchas piedras y hoyos. De repente nos encontramos frente a una piedra muy alta, lisa y resbalosa. Carlos, mi esposo, me dijo que yo me subiera por la piedra primero y que luego él me iba a pasar a Iván. Me subí con ciertas dificultades y estiré los brazos para recibir al niño, que apenas alcanzaba los tres años. Carlos levantó a Iván y yo lo recibí, pero no sé por qué se me dificultó mucho sostenerlo. Quién sabe qué fue lo que pasó, pero sin querer lo solté de mis manos, creo que como a seis metros de altura. No pensamos Carlos y yo otra cosa más que bajar por las resbaladizas piedras. Ni siquiera pudimos ver adónde había caído el niño. Ya te imaginarás la angustia que teníamos. Yo creí que casi me iba a volver loca. Cuando de pronto escuchamos un grito fuerte. Era él, llamándome: "¡Mamá!"

Carlos al fin pudo rescatarlo, pero lo más curioso de todo es que no tenía ni un solo raspón. No acabábamos de comprenderlo, no teníamos la menor idea de qué misterio había ocurrido aquel día, pero esto es un hecho verídico, como el que también te quiero contar —me advirtió Josefina Hernández.

Una tarde recibimos la invitación de un amigo, Cristóbal, que vivía en un cerro cercano al Tepozteco. Este amigo siempre está hablando de las naves, pero yo me considero incrédula y no me inspiraba mucha confianza todo lo que él decía de los extraterrestres, pero a mi esposo, a Iván, lo mismo a Omar y a mí nos divertía mucho ir a su cabaña también a acampar. Desde allí por la tarde se empiezan a ver muy de cerca las estrellas y se respira un aire fresco y muy limpio que te da energía. Nos hallábamos así en la cabaña, platicando muy a gusto, cuando Cristóbal nos dijo que saliéramos "porque ya era la hora".

Yo le pregunté que de qué era hora. Él no quiso hablar más y salimos todos de la cabaña. Nos indicó que miráramos hacia lo lejos, señalando hacia el frente de donde nos hallábamos. Todos vimos una lucecita brillante y muy lejana, fija, que parecía una estrella pequeña. A mí me llamó mucho la atención, pero como nuestro amigo siempre estaba exagerando todos preferíamos guardar nuestras propias impresiones y no comentar de más. Luego de un rato como que aquella luz que emitía fulgores brillantes y muy hermosos se desprendió del cielo y de repente se fue acercando hasta que se hallaba a la izquierda de donde estábamos. La impresión fue muy fuerte; yo empecé a temblar. La vimos plenamente, era una nave circular muy grande; tenía ventanas pequeñas a su alrededor que emitían luces a veces intermitentes pero de tonos siempre brillantes. El corazón se me salía del pecho. Yo creo que la nave se quedó como cinco minutos en el aire. Todos estábamos enmudecidos hasta que el dueño de la cabaña, Cristóbal, que tanto hablaba, se quedó silencioso cuando vimos, o no sé si nada más lo vi yo, cómo se hundió aquel círculo plateado en el hueco de un cerro. La impresión para mí, Carlos y los niños fue muy fuerte. Nos *metimos inmediatamente a la cabaña y nos quedamos quietos y en silencio, sin atrevernos a movernos y mucho menos a hablar. Afuera, la noche era tranquila y fresca. Se sentía la brisa en la cara y los brazos. Yo seguía temblando y hasta respirando con dificultad. Después de dos horas de profundo silencio, escuchamos un sonido como el de un avión cuando aterriza. Cristóbal nos indicó que debíamos salir, así lo hicimos y vimos cómo el inmenso disco se alejaba hasta convertirse en un punto luminoso en la vastedad del cielo. Al fin el minúsculo punto luminoso desapareció en la oscuridad.*

En todo el planeta vemos vestigios de civilizaciones que desaparecieron. Los niños del futuro están llegando a este mundo y seguirán llegando. Ellos van a recuperar los tesoros perdidos para hacer un bien a la humanidad y fundar centros del saber. No nos cansaremos, tenemos que ayudarlos a lograr sus ideales. Ésa debe ser nuestra divisa, abandonando los aspectos más frívolos de la vida, aprendiendo a descifrar las grandes enseñanzas y ejemplos que se hallan en la historia, e imitando a los grandes hombres, niños índigo y cristal de todas las épocas.

Esta historia, ambientada en el cerro del Tepozteco y en general en el valle sagrado la hemos tomado de la vida real; tiene una íntima conexión con la idea esgrimida por los estudiosos del valle sagrado acerca de que sí fue, en remotas edades, un centro ceremonial y base de naves del espacio.

Es un lugar magnífico, semejante también al de Machu Picchu, en Perú. Si se presenta un caso de conflagración, guerras nucleares, etcétera, se puede llegar a este centro que se ubica en el valle sagrado en Tepoztlán, Morelos, pues si nos ponemos a estudiar las investigaciones del antropólogo peruano Daniel Ruzo, podemos observar las figuras caprichosas de aquellas rocas que también recuerdan a los estudiosos la cuarta edad, de los Atlantes y de la mística Atlántida, que al parecer fue habitada por los padres que inventaron el modelo para otras civilizaciones como la de los egipcios, los fenicios, persas, griegos y romanos, lo mismo en México los toltecas y los mayas.

Los niños índigo y cristal son los que podrán captar mejor los mensajes de los ángeles protectores, guardianes que les mostrarán los caminos de la sabiduría. Recibirán de ellos y de los seres que han alcanzado grandes conocimientos, como pueden ser los viajeros del espacio, los elementos para replantar en el mundo enseñanzas milenarias y transformarnos a todos en seres de luz para llegar a ser dignos del Creador.

La labor humanista de los ángeles, comandados por supremas inteligencias del cosmos, parte del cuerpo infinito de la creación.

8. Canalización de los ángeles

La canalización de un ángel implica una invocación, la cual no es sencilla, pues requiere de un entrenamiento para sensibilizar un organismo y también alimentarlo con sustancias puras; asimismo, también necesita una capacitación mental para lograr sólo pensamientos y sentimientos nobles.

Los ángeles no entablan comunicación ni se aparecen tampoco en el contaminado ambiente de la tercera dimensión en que vivimos, porque, como ya dijimos, pertenecen a una escala diferente, éterica y sutil.

La conexión es a nivel mental, alcanzando una alta vibración para que un ser de esta naturaleza se pueda manifestar a través y por medio de una persona que se haya capacitado para estos quehaceres espirituales. El adiestramiento especial para aspirar a ser canal de estos seres que en todo momento desean ayudarnos, exige que la persona interesada inicie un proceso de desintoxicación del organismo y también la eliminación de ideas que no estén de acuerdo con el experimento. Lo primero que debe hacer el aspirante es ir muy hacia dentro de sí mismo y rastrear el tipo de pensamientos que tiene. De no estar bien seguro es mejor renunciar al experimento. Quienes deseen investigar sobre esta práctica y los guíe la curiosidad científica o simplemente humana no obtendrán la menor respuesta. El sentimiento que nos debe guiar y orientar es al amor, el poder que crea y mueve los mundos. Otros intereses mezquinos no harán más que atrasar la evolución de quienes deseen intentarlo. La relación de los ángeles se da con los niños índigo, de cristal y de todas las categorías sociales y económicas, como son los niños ricos, los pobres, los de clase media también, pues sería un desamor discriminarlos por los conceptos que hemos estado escribiendo. Es decir, también con los que no reflejen las cualidades índigo o cristal. Aunque parezca repetitivo, es pertinente dejar bien claro de nuevo que todos los niños en el universo son merecedores de los dones y cualidades otorgados como bendita herencia del creador.

Con la purificación de la mente, realizada por hombres y mujeres sinceros que deseen formar una familia plena y feliz y además se muestren respetuosos de las leyes naturales, más el buen comportamiento y las buenas relaciones con todos los seres, el mundo irá dejando atrás los sistemas inicuos que degradan la vida humana, animal y vegetal. Los altos intereses de la política internacional enriquecen a los ambiciosos que buscan el poder económico y social. Ellos desconocen los sistemas que regulan el universo, y en su ceguera tampoco les preocupa en lo mínimo que los hubiera mientras puedan adueñarse de las riquezas de los pueblos oprimidos. Desafortunadamente ignoran que sus hechos y acciones generan también efectos graves en su contra, tarde o temprano. Los ciclos de vida y de muerte se cierran y se abren incesantemente obedeciendo a un movimiento kármico dirigido por altas jerarquías espirituales que se encargan de administrar el tipo de vidas que, según el caso, tenemos que repetir y repetir. El destino de la humanidad es orientado por medio de las acciones que cada individuo realiza en su vida. Muchas personas creen que Dios castiga, pero, aunque no lo queramos reconocer, hay un poder extraterreno que nos orienta hacia las experiencias que necesitamos para evolucionar, para ser mejores, después de reconocer los errores que cometemos.

En el tiempo sin tiempo, es decir, el tiempo que es marcado por los relojes de la Tierra, tendremos que asumir las vidas que se nos asignen. Es ya una necesidad muy grande para los hombres y las mujeres actuales ponerse en contacto con los seres angélicos, tanto para su bienestar, su salud y su economía, como para proteger a los niños.

Los niños de este siglo XXI serán los reveladores de las verdades espirituales que reciben de sus ángeles guardianes. Tenemos que admitir que proliferan en el mundo niños desvalidos, huérfanos, enfermos o incapacitados, que no cuentan con la menor ayuda ni de gobiernos ni del público que los rodea. Existen sociedades e instituciones que contribuyen pero no alcanzan, con todos sus esfuerzos, a cubrir ese mal social.

Es muy triste ver sufrir a esas criaturas, y hasta el más duro de corazón se conmueve por los desheredados de las ciudades y los niños indígenas que viven en comunidades de gran pobreza y en condiciones infrahumanas.

En este caso, quienes no carecemos de lo indispensable debemos sumar esfuerzos, invirtiendo un poco de nuestro tiempo y, poniéndonos de acuerdo con otras personas e invocar la ayuda de los ángeles para aliviar un poco del sufrimiento de tantas criaturas desamparadas. La oración no tiene que ser copiada de algún libro, precisamente. Si tenemos la sinceridad y el poder del deseo para realizar el bien, será suficiente. Hoy en día las cadenas por la paz se están cumpliendo entre muchas personas estudiosas del poder angelical en todo el mundo. El poder del pensamiento es creativo, y por lo tanto muy efectivo. También lo serán las intenciones y el sentimiento que reúne a varias personas en una misma petición tan desinteresada como la que estamos mencionando.

La metafísica moderna, impartida desde hace muchos años por la maestra Conny Méndez, ha iniciado una labor espiritual de grandes dimensiones.

Afortunadamente, los estudios espirituales representan una verdadera evolución en el espíritu humano.

Se ha escrito y se escribe mucho actualmente sobre la presencia de entidades divinas, luminosas, a las que también se les llama dioses, y de sus enviados, que influyen especialmente en los niños y les inflaman el deseo de progreso y superación en todas las actividades en que se pueda mover el ser humano.

Los ejércitos de seres enviados del Cielo, luminosos y

radiantes, también de acuerdo con exhaustivas investigaciones y canalizaciones, proceden de diferentes galaxias y se distribuyen por los mundos en evolución.

Los ángeles de la llama blanca, por ejemplo, son protectores en casos de peligro. Las plegarias y peticiones que se realicen para los huérfanos, los discapacitados y los niños enfermos que quedan marginados por la sociedad, ayudarán en mucho a estos grupos de pequeñas almas en formación.

Algunos investigadores anotan también que grupos de estos seres de luz proceden de las Pléyades y muchos de ellos descienden en espléndidos carros transportados por nubes entre vientos tranquilos. La población angelical de la que ahora se habla tanto tiene diferentes rangos y quehaceres qué desempeñar. Estos ángeles también pueden representarse como seres elevados extraterrestres, es decir, hombres de luz. Ya mencionamos que la energía de los ángeles se transmite a través de un canal humano. Sus mensajes son interpretados por esa persona que se capacita para recibirlos, como en este caso mencionamos a los seres de otras galaxias.

No es nada extraño, según fuentes confiables, que seres extraterrestres de alta frecuencia mental también se comuniquen con ellos y transmitan sus mensajes. Es un mundo invisible al que todavía no tenemos acceso más que en los sueños, en esos sueños que muchas veces son misteriosos y enigmáticos, cuyo lenguaje críptico no alcanzamos a descifrar.

Volviendo a nuestros multicitados niños índigo y cristal, nos vemos en la necesidad de aceptar que también la misión de los padres es educarlos en mente y cuerpo para que ellos, como intermediarios entre Dios y los ángeles, transformen al mundo y revelen las verdades espirituales que necesitamos para progresar a nivel físico, mental y espiritual.

Las nuevas generaciones encontrarán, así, menos obstáculos para desafiar los retos que la vida y sus destinos deparan.

Advertencias necesarias

La población física y también a la que pertenecen las entidades invisibles para los ojos físicos está vinculada con los seres humanos, pero cuando se carece de vista interna al no desarrollar nuestros poderes mentales, no se puede entablar contacto con los seres luminosos porque no pertenecen a cuerpos densos y materiales como los de nosotros. Sin embargo, sí se pueden captar ideas, insinuaciones, sugerencias muy positivas que van y vienen en el plano mental que es infinito. Si mantenemos nuestra mente alerta para esperar los mensajes que pueden llegar a ella para mejorar nuestras vidas y nuestra situación, ya sea económica, amorosa y social, podemos intentarlo. Es por esto que se recomienda a todas las personas no utilizar la tabla oija, ni acudir a las sesiones de carácter espiritista, así como tampoco invocar a las personas fallecidas. Hacerlo por juego también es muy peligroso porque no se tienen los conocimientos ni se saben controlar las energías desconocidas.

La literatura acerca de los ángeles es un precioso oasis para disfrutar de la vida y los obsequios que nos hacen cuando podemos armonizarnos con ellos. Esos regalos son los niños que recibimos del Cielo porque el nacimiento es una experiencia religiosa en todo sentido. Ya lo decía José Martí, que seguramente era un destacado niño índigo y que contemplaba todo a través de sus ojos también de poeta: "No puede Dios darnos un mayor regalo que el de un hijo".

9. El medio ambiente y los niños índigo y cristal

Un experto en gimnasia cerebral aconseja lo siguiente: "Es necesario inclinar a los niños a que despierten su imaginación sobre ideas de juegos, cuentos que pueden inventar, imágenes gratas de la vida diaria, a que escuchen buena música; incluso, si se puede, que vayan a algunas clases de para que aprendan a tocar algún instrumento. La televisión puede verse porque también hay buenos programas, pero hay que evitar que se envicien con ella".

Los niños deben crear por sí solos, pues ya hemos mencionado muchas veces que traen un gran talento artístico. La televisión coarta esa capacidad creativa que poseen todos los niños. Será conveniente enviar este mensaje a las madres, aunque creo que es difícil y casi imposible que no la vean hasta después de haber cumplido los ocho años.

Muchas mamás y papás se oponen a este tipo de directrices porque argumentan que la "tele" los tiene un poco quietos en sus ratos libres, pero este maestro advierte que la televisión coarta la imaginación creativa que ellos traen. En último caso, que la vean por poco tiempo, pues hay niños que la ven por horas, lo que les causa problemas por exponerse tanto a la radiación de la pantalla. También hay que tener cierta disciplina para que no pasen tantas horas en la computadora y procurar la diversidad de sus juegos, además de que no abusen de los celulares. Porque los niños se han aficionado demasiado a estos aparatos modernos.

El tiempo y la calidad con que se ejecuten estas acciones son básicas para el bienestar de los futuros genios de este nuevo siglo. En sus tiempos libres pueden practicar juegos de inteligencia, la lectura, el deporte, la educación musical. Los juegos de mesa son especiales para los niños. Hay que escuchar también sus ideas y sus propuestas, poniéndoles atención y explicándoles con calma la conveniencia de no perjudicarse con videos violentos que abundan en todo el mundo.

Invocación a los ángeles de las llamas que se manifiestan por medio de variadas gamas de color

Estos colores se presentan como rayos luminosos, que significan alta energía espiritual.

Domingo. Corresponde a la invocación del arcángel Miguel, quien domina el rayo azul y cristal, los que ofrecen protección, fuerza, poder y voluntad.

Lunes. Domina el rayo amarillo para invocar a Joviel. Este rayo ayuda a obtener sabiduría, facilidad para cualquier tipo de aprendizaje y para el buen comportamiento.

Martes. Domina el rayo rosa. Samuel es la protección tutelar. Esta manifestación es la que debemos aprender a invocar para la protección de los niños.

Los maestros de la metafísica actual han clasificado estas energías angélicas para diferentes actividades. El grupo comandado por Samuel tiene la misión de organizar variadas cualidades. Entre ellas destaca la relacionada con la mecánica. A estos ángeles se les solicita auxilio cuando por alguna razón se descompone el auto, aparatos de todo tipo en el hogar y artefactos de la industria. Ellos acuden y con sus poderes realizan las reparaciones. A muchas personas esto les podrá parecer increíble, pero precisamente el estar dudando no nos lleva a puerto seguro. En las escuelas o jardines de niños a veces se llevan a los pequeños a excursiones y los papás están con el Jesús en la boca, preocupados por si se tardan. Cuando los niños salen a esas excursiones "estresantes" para los papás, se invocan a estos ángeles llamados "mecánicos" porque reparan lo que se ha descompuesto.

Ejercicio. Para los padres, cuando por muchas razones se preocupen: Visualizar el transporte desde el lugar a donde hayan ido los niños. Luego, cómo va llegando a la hora que anunciaron. Mantener con fuerza las imágenes. Después de hacer la petición, dar gracias y estar plenamente seguros de que los niños están a salvo.

Miércoles. Protección en general tanto de la casa como en la calle. Estos ángeles de la protección son conocidos como los de la llama blanca. Domina el arcángel Gabriel. Esta energía también tiene que ver con la ascensión y la purificación. La ascensión es cuando elevamos nuestros pensamientos. Debemos sentir que estamos protegidos en todo sentido por los seres luminosos. Los peligros de la calle se hacen todavía mayores cuando se tiene tanto miedo y se pueden atraer esas energías negativas.

Jueves. Dominan los ángeles de la llama verde, Rafael, Celeste y María Angelina. Rafael es el líder y comanda al grupo de ángeles amadores. Se solicita su protección para la curación de todas las enfermedades y la protección de las mujeres embarazadas, las que siempre pedirán la asistencia de este arcángel en el parto. La invocación se realizará con toda la seguridad de que ellos acudirán al llamado de las personas afligidas por enfermedades leves, crónicas o que se reconozcan médicamente como "incurables". La fe es un poder que realiza milagros.

Viernes. Dominan los ángeles de la llama oro-rubí. Se trata del arcángel Uriel, comandante de los ángeles de la guardia o guarda, es igual. Se ha mencionado lo que es la prisión por amor. Tenemos que comprender que los ángeles no pueden absorber nuestros errores y defectos. Poseemos libre albedrío, pero también tenemos que enfrentar las consecuencias de los actos equivocados que a veces cometemos. Los ángeles son comprensivos y siempre tratan de guiarnos, ayudarnos y facilitar también la forma de enmendar nuestros errores. Es por eso que en ningún momento debemos olvidar que tenemos nuestro ángel guardián personal.

Sábado. Está dominado por Zarquiel. Su color es el violeta, el que inclina al arrepentimiento y al perdón cuando se han cometido actos en contra de los semejantes y hasta de ti mismo. Cuando nos sintamos afligidos por alguna acción equivocada y nos angustie el remordimiento, debemos invocar a este ser de luz para que diluya los sentimientos de ira y los convierta en templanza y buenas intenciones.

Programación y purificación para las futuras madres

Es oportuno aclarar que los niños índigo y cristal son atraídos por mujeres que se mantienen sanas física y mentalmente, pues ya hemos acentuado que por base deben ser fuertes para afrontar todos los retos que se encuentren a su paso, por la misión que tienen de transformar al mundo. Aunque no es regla que las madres sean perfectas en salud y en pensamiento, hemos visto también que en el mundo hay destacados adultos índigo que tuvieron infancias tristes, desafortunadas, donde abundaron la pobreza y la enfermedad; pero en general, y para cualquier mujer, es recomendable una vida sana para evitar males a esos seres que vienen al mundo a cumplir misiones de gran importancia.

   Cuando una mujer sufre enfermedades crónicas y complicadas que debilitan mucho su salud, es preferible no tener hijos. Los embarazos de alto riesgo abundan y son altamente peligrosos para la madre y el niño.

La sociedad exige a las parejas que tengan hijos como una deber cívico. ¡Cuántos niños nacen enfermos! Las madres los ven sufrir y sufren con ellos. Una madre mal alimentada y mal cuidada dará a luz a un niño débil que hasta puede morir.

El estrés es otro elemento que nace con nosotros. Básicamente es una energía positiva que nos mantiene continuamente en acción.

La tensión nerviosa es necesaria para estimular la realización de nuestros planes y propósitos. Pero cuando nos alejamos de las normas elementales de salud, la tensión que nos mueve y nos entusiasma de repente sobrepasa las energías del cuerpo y nos volvemos nerviosos y asustados. Es así como esa tensión se convierte en estrés. El ritmo veloz de la vida actual estresa hasta al más calmado. La humanidad está, hoy por hoy, atrapada por la prisa y las tensiones, dominada por una mezcla de energía que produce un *shock* y con él hasta el más mínimo grado de tensión impulsa a las personas a moverse, ambicionar, trabajar más, angustiados por los miedos del futuro y de lo que pasará, que casi siempre puede ser malo y amenazador.

Todos tratamos de "abrirnos paso para lograr mejores sueldos", lo que es normal y provechoso. Sin embargo, ese entusiasmo tensa la mente y el cuerpo, provocando agotamiento, enfermedades digestivas y crisis nerviosas. La mujer que anhela ser madre debe reconocer en ella sus debilidades e investigar médicamente su condición física, así como también su herencia genética. Si se mantiene sana y tranquila será para ella un placer y un gozo realizar la programación para recibir a un niño índigo o cristal. Esto será una operación propia de una mente pensante y progresista. La maternidad representa el mismo equilibrio de la naturaleza, ¿por qué? Sencillamente porque la Madre Natura está "dando a luz en todo instante y sus creaciones en los infinitos reinos son obras de amor y perfección". Los padres deben de ver en el hecho de engendrar hijos un regalo divino, mismo que exige una vida ordenada, como el implantar buenos hábitos en la conducta y en la dieta, eliminando los alimentos industrializados, las pizzas "comerciales", la comida rápida que es chatarra y los alimentos que se expenden en la calle sin la más mínima regla de higiene. La mujer que va a ser madre se inclinará más por las ensaladas frescas, vegetales, frutas, oleaginosas, almendras, cacahuate natural, nueces, etcétera. Ahora ya se expenden aceites extra virgen, en el caso de la oliva; también el aceite de canola. Ambos ayudan a disolver el colesterol en las arterias.

Las normas de conducta y lineamientos de comunicación ordenados controlan muy bien esa tensión nerviosa llamada estrés, ya que al elegir una alimentación a base de alimentos naturales se reduce el peligro de las enfermedades tratadas con medicamentos de farmacia.

El ser madre es una experiencia difícil para todas las mujeres, especialmente para las más jóvenes, que no siempre cuentan con madres experimentadas o porque estas mujeres muchas veces son madres solteras. Como es sabido, hablando de la familia mexicana en especial, aunque no siempre, y eso depende de la educación y el nivel social y académico, hay, en el 99% de la población, severos reclamos a la hija "pecadora". Cuando este es el caso, el sistema nervioso de la madre se ve seriamente estropeado por las circunstancias y el bebé en gestación empieza a absorber su estrés.

En México, en los centros de salud, afortunadamente el parto psicoprofiláctico es una bendición, en especial para las mujeres de un bajo nivel económico o que sufren de algún tipo de abandono. La técnica de ejercicios respiratorios y físicos ayuda a las futuras madres, por medio de ejercicios y pláticas, a destrabar y eliminar la tensión de los músculos. También se imparten las más sencillas clases de yoga que ayudan sobremanera a evitar la cesárea y los embarazos de alto riesgo. El nivel de tensión nerviosa va disminuyendo en cuanto mujeres y hombres que son padres desarrollan la habilidad para enfrentarse a sus propios errores para así prevenir que sus hijos imiten conductas inadecuadas. Los niños imitan tanto lo bueno como lo malo y son fruto de la educación que se les da en el hogar. En la raíz de esta situación se engendran conflictos graves que van creciendo hasta quedar fuera de control.

Creando vidas en la Tierra

Con medidas adecuadas y un entorno amable se evitará que el cerebro, ya programado para crear la tensión nerviosa, siga trabajando y aumentando el estrés de la madre, que estará luchando por liberarse de esa energía y contra algo podría acrecentarlo. Para el bienestar de la familia cobra cada vez más fuerza la práctica de ejercicios como la gimnasia psicofísica del yoga o la yoga, es igual, así como el reiki y la kinesiología.

El relajar los músculos y practicar la meditación es de gran ayuda para las futuras madres y los niños que esperan. Por medio de estas prácticas se irán programando y atrayendo a las almas sabias que vienen con la misión de renacer en cuerpos de niños índigo y cristal.

Las mujeres que trabajan y tienen que dejar a sus hijos en la guardería o al cuidado de los abuelos, lo primero que deben hacer es programarse adecuadamente y mantenerse serenas porque muchas de ellas sienten que el mundo se les cae encima. La fuerza de voluntad y el orden son grandes aliados. Ya lo hemos dicho, e insistimos en que los niños de esta era están programados por las leyes divinas para realizar un destino de éxito y de sabiduría. Ellos serán los sabios del mañana, los dirigentes de la humanidad, los superdotados, reencarnaciones de los lemurianos y de los atlántidos.

Los ángeles y su influencia programan las capacidades que niños de pasadas generaciones no tenían. Claro, eso no quiere decir que en toda la historia del mundo no haya habido hombres que fueran índigo o cristal y que sobresalieran en todas las actividades que realizaron.

Los grupos espirituales muy desarrollados imparten ahora el estudio y análisis del comportamiento de estos niños dotados con la estructura interdimensional del ADN. Revelan que las cualidades de los niños índigo y cristal los capacitan para despertar en sí mismos poderes hasta ahora inimaginables. Ellos, a diferencia de los adultos de esta era, podrán despertar sus centros nerviosos (chakras) con facilidad conforme vayan creciendo. Sus chakras en movimiento los capacitarán para realizar tareas titánicas como en su tiempo lo hicieron los mayas, los toltecas, los egipcios y los hindúes, grandes civilizaciones y culturas cuyas aportaciones transcienden en el mundo.

Dar vida es una tarea loable y gratificante. Todas las mujeres con buenas bases pueden atraer a sus vidas a los hombres del futuro, a los sabios y a los maestros, a los dirigentes que cambiarán, para gloria de la humanidad, los sistemas carcomidos que imperan en el mundo, sistemas saturados de ideas egoístas y malsanas. Las lecciones que nos ofrecen los maestros de yoga en todas sus guías representan un camino de luz para abrazar nuevos conocimientos y aprender las técnicas de ejercicios y de meditación que tanto bien hacen al ser humano, de esta manera podemos elevar nuestro nivel mental, porque nos alejamos de los miedos a la vida y desarrollamos muchas virtudes a las que podemos aspirar. La relajación y la meditación eliminan por completo el estrés y despejan las dudas, atemperando las tensiones que agobian tanto a las personas.

La práctica del yoga produce en el organismo cambios muy favorables. La futura madre que practique relajación y meditación sentirá alivio y descanso. Tal vez es normal que se sientan incómodas acostándose boca arriba, por lo que se les aconseja que ladeen el cuerpo, es decir, que lo acomoden de costado y utilicen una almohadilla en la cabeza para que se sientan más cómodas. Poco a poco, la tensión muscular desaparece y el cuerpo alcanza el nivel alfa, la tranquilidad y la calma total. En tanto el sistema muscular descansa, la mente se enfoca hacia un lugar tranquilo. Se visualiza, por ejemplo, una escena de belleza natural, como el campo, las montañas y la vegetación exuberante, sintiendo e imaginando con fuerza que se está allí, libre y sin preocupaciones. La visualización y la meditación son hoy por hoy herramientas espirituales que curan el alma y el cuerpo. Esta práctica se debe realizar a diario, por la noche ya descansando, cambiando los temas de la meditación por variados paisajes. Las futuras mamás también, si les complace, pueden visualizarse con su niño o niña en brazos. También pueden platicar con ellos, porque las almas de los niños tiene experiencia, gran conocimiento y captan los sentimientos de quienes van a ser sus madres. Ellas pueden imaginar también que ya tienen a su niño o su niña. Tal vez, pues éstas sólo son sugerencias, pueden crear nuevos espacios llenos de colorido y de belleza, pasear por una arboleda llevando de la mano al niño o a la niña. Podrían encontrar un columpio en el que sentarán al niño o niña y disfrutar con su alegría. Esa alegría la imaginamos y sentimos tan bien que ellos ya la están percibiendo, la están sintiendo con fuerza. La imaginación es un don que Dios nos ha otorgado. Nos lleva a remotos lugares y nos da la oportunidad de crear en nuestra mente todo lo que hemos soñado.

Otra buena idea, aconsejan los expertos en angelología, es imaginar que detrás de los niños siempre va su ángel guardián. La iluminación de la recámara o del espacio donde se van a practicar estas lecciones debe ser suave, asegurándose de que nadie las interrumpa, que las madres se encuentren cómodas y sin ningún tipo de pendiente o preocupación. De lo contrario es mejor interrumpir la práctica y programarla para después.

Sean cuales sean las emociones que se hayan experimentado en el día, así como los pensamientos negativos que a veces asaltan la mente y nos toman por sorpresa, hay que observarlos sin temor y con tranquilidad, como si fuéramos testigos de lo que está ocurriendo y así no les daremos fuerza. Si no, esas ideas atormentadoras seguirán debilitándonos. La relajación puede hacerse en una cama cómoda o con una colchoneta en el piso, como se sienta mejor la persona. Con la práctica diaria de estos ejercicios, especialmente cuando se realiza la meditación por un buen rato, "sin forzar el cuerpo más de lo que él mismo lo permite", se solicita a la Mente Superior que acudan a nuestro pensamiento ideas para resolver los problemas que personalmente no se han podido solucionar. Estas técnicas maravillosas van disminuyendo en gran medida las tensiones.

La alimentación ideal para la futura madre

La fuente de vitaminas más poderosa son las frutas de temporada. Al consumirlas ya no es necesario tomar dulces, ni azúcares industrializados, ni galletas, etcétera. Se recomiendan, para poder tener un buen parto psicoprofiláctico, los vegetales en sopas y en guisados, que no estén muy cocidos; las ensaladas preparadas, con un buen aceite de oliva como ya lo aconsejamos y un poco de limón, otro aderezo excelente y muy nutritivo. Se recomienda preparar yogurt natural con ajonjolí tostado, una cucharadita de aceite de oliva y un poco de cebolla. Todo esto se licua de manera que el ajonjolí quede bien molido, y a esta mezcla se le agrega un poco de sal, de preferencia de mar. Es un delicioso aderezo para la ensalada de lechuga o de cualquier otro vegetal crudo. Se le pueden agregar rodajas de jitomate. Al jitomate, especialmente, no se le debe poner limón, porque estos dos productos son incompatibles por su acidez.

Pastas: consumir las que están hechas a base de harinas integrales, y no aficionarse a ellas, sólo comer pequeñas raciones. El arroz integral con verduras es excelente. Las papas se comerán poco, y de preferencia horneadas y sin quitarles la cáscara. En las ensaladas crudas se debe agregar col finamente picada y remojada en agua muy caliente por unos 10 minutos con un poco de sal. Después enjuagarla bien y escurrirla. Es muy nutritiva por las vitaminas que tiene. Se agregarán también otros vegetales crudos. Una ensalada que es muy deliciosa es la Waldorf; se prepara con manzana natural, cortadita en cubos, se le agregan pasitas, apio finamente picado y nueces troceadas. Se le agrega yogurt natural, en vez de crema, pues ésta tiene mucha grasa. Estos platillos son muy nutritivos y ofrecen una vista muy atractiva que estimula el gusto de los niños. Los recomendamos especialmente a las futuras madres.

Los niños, en general, gustan de los alimentos naturales, pero los mismos padres, desde que son muy pequeños, les empiezan a degenerar ese gusto cuando los acostumbran a consumir alimentos chatarra, dulces y repostería, entre otros productos industrializados como los refrescos o papas llenas de grasas. El paladar se va acostumbrando a estos alimentos con saborizantes. Hoy en día, afortunadamente para la raza humana, se ha popularizado el amaranto como golosina, que es además un cereal integral muy nutritivo y ayuda especialmente en casos de anemia. Los niños, para destacar en todas sus actividades, necesitan una alimentación integral que fortalezca sus músculos y huesos. Los niños naturistas no frecuentan tanto a médicos y pediatras porque consumen alimentos muy nutritivos. A veces, en las escuelas les dan algo de dulces industrializados o alimentos harinosos, pero la costumbre que se implanta en los hogares, de consumir alimentos sanos, debe cultivarse siempre.

La máxima griega que dice: "cuerpo sano en mente sana", encierra una profunda verdad. Para que los niños estén siempre sanos deben de consumir alimentos naturales y cereales enteros, como, por ejemplo, el trigo, que se cuece muy bien después de remojarse, porque es muy duro.

Y se puede combinar con las ensaladas, aceite de olivo, aguacate y verduras que no se cuezan con demasiada agua. El pan "blanco" causa estreñimiento, a menos que se tueste a fuego lento y se consuma, aun así, en contadas ocasiones. El pan "blanco" está hecho de trigo descascarado, se le dice "blanco" porque contiene harina y azúcar refinada que nada más engorda y no nutre. Lo mismo pasa con el arroz que está descascarado. Los niños y los mayores deben de consumir arroz integral, que es un arroz completo y concentra vitaminas. Recomendamos, tanto para las mamás como para los niños, el germen de trigo natural, la harina de centeno, la leche de soya y la cebada perla, que se puede combinar con granos como la lenteja. También el cacahuate natural de cáscara, no el de las botanas que casi siempre viene salado; las almendras, las nueces, los pistaches, las ciruelas pasas y los dátiles.

La medicina natural es buena para los niños que no requieren de curaciones dolorosas ni de operaciones, a menos que el paciente presente un cuadro de peligro y sea inminente la cirugía. Nadie puede negar que los hospitales están llenos de pacientes adultos, pero también hay niños en ellos. Las medicinas eliminan muchas veces los síntomas, pero no siempre erradican el mal. Sea cual sea el caso, la medicina preventiva ha estado ganando muchos simpatizantes. La alimentación adecuada aleja los peligros de la hospitalización y la saturación del cuerpo infantil con tantos químicos.

Hasta donde sea posible, los niños deben estar alejados de las influencias ambientales nocivas como son los ruidos estridentes de las ciudades populosas. Los factores de estrés a que la población se ve sometida es un daño continuo que hay que evitar. Los medios de transporte, los mofles de los vehículos y sus humos tóxicos se aspiran comúnmente en los grandes centros de población, así como el humo del tabaco. Sería ideal que las mujeres que van a ser madres pudieran huir de las ciudades contaminadas, que pudieran trasladarse a mejores lugares, como los bosques y las montañas, pletóricos de prana, la energía universal.

El consumo de cafeína y de refrescos industrializados agravan la situación. Y los síntomas no se dejan esperar, cuando las mujeres, aunque estén encintas, no quieren interrumpir sus aficiones a los alimentos inconvenientes. Incluso algunas siguen fumando. Así aparecen, de un momento a otro, las jaquecas, el insomnio, la colitis nerviosa, la gastritis y otros padecimientos.

La dieta que hemos aconsejado, de productos naturales, ayuda mucho a esperar un parto tranquilo y menos doloroso.

El estrés causa variados cambios de humor, y la falta de control en el carácter es un gran riesgo para el alma que se va a encarnar. Si se medita en la Gran Obra que se está desarrollando, la futura madre puede profundizar en su experiencia, procurando no tomarla únicamente como una "simple ley natural", sino siguiendo la máxima cristiana de "crecer y multiplicaos". Para llevar a cabo la "Obra Maestra" de tener un hijo, es necesario comprender la responsabilidad que esto implica.

Técnicas para desarrollar el control mental y la paz interior

Iniciar estas lecciones es una vía segura para contactar con las energías poderosas de los ángeles y los arcángeles. Para facilitar más tanto la visualización como la meditación, acallando el barullo de los pensamientos que giran vertiginosamente en la mente, se practicarán los siguientes ejercicios.

La palabra "concentrar" quiere decir dirigir la atención hacia un centro, hacia un punto, como el de un círculo, y no distraerse pensando en otras cosas.

Estos ejercicios nos harán más observadores y nos prepararán para estar más alertas a todo lo que ocurre nuestro alrededor. Cualquier objeto puede resultar interesante para empezar, hasta un sencillo lápiz. Es muy útil desarrollar esta práctica para no dejarse dominar en todo momento por el poder de la mente personal. Tomamos el lápiz, lo sostenemos en nuestra diestra. Imaginamos qué puede haber detrás de este sencillo objeto: puede ser la madera, la punta, la goma. Veremos mentalmente o trataremos de investigar cómo se hizo, quienes lo fabricaron; quizás hasta llegar al tronco o árbol de donde fue tomada esta madera. Así como con este sencillo lápiz, podremos meditar y penetrar más en el origen de las cosas.

El objeto de estos ejercicios es realmente hacer una meditación más consciente. Nuestro tema es los niños índigo y cristal en relación con ángeles y arcángeles. Para los padres es muy conveniente iniciar estas tareas todas las noches antes de dormir. Conforme se vaya avanzando en la visualización, se pueden ir complicando un poco más los ejercicios, para ir adiestrándonos más y disciplinar más la mente, volviéndonos poco a poco dueños de ella, porque ahora no podemos negar que somos sus esclavos.

Cualquier asunto que nos interese se verá más claro a la luz de la meditación. Podemos tomas otros objetos para investigar su origen, por ejemplo, una planta, una fruta, una piedra, símbolos todos de la creación. Es una forma inefable para ser menos superficiales, para no seguir concentrándonos sólo en los asuntos personales y las distracciones comunes.

En síntesis, estos ejercicios se hacen para captar el espíritu de las cosas que se ven como objetos sin valor e importancia más que para lo que pueda sernos de utilidad y nos convenga. Todas las cosas y objetos que nos rodean tienen un alma, llamémosle también idea. Nada se ha hecho por casualidad. La mente universal y la mente humana primero han ideado el objeto, o sea, han diseñado el primer paso para crear algo. Como la mente no tiene límites, es también un universo infinito, una maravillosa herramienta de la cual podemos valernos para crear muchas cosas y alcanzar nobles ideales. ¡Qué mejor tarea que ejercitarnos para canalizar a los ángeles!

Las obras pictóricas en las que destacan los ángeles, ofreciendo sus bondadosas sonrisas y brazos abiertos en actitud de protegernos, así como con sus alas majestuosas que llenan nuestros ojos de belleza, son parte de lo que dan a quienes les imploran sus bondades y milagros. Las alas abiertas son símbolos de elevación y espiritualidad. Creer en los ángeles nos hace acercarnos un poco a su magia, aunque esta magia exige disciplina, fe, determinación y limpieza de pensamiento. Ejemplo de ello es comprender más a nuestros semejantes y ayudarlos cuando esté en nuestras manos. El propósito de estos seres de luz es disolver las corrientes negativas de pensamiento, influir en los seres humanos para que puedan sobreponerse a sus dificultades y elevar su pensamiento hacia niveles superiores.

Fórmulas y recetas para crear ambientes limpios y energéticos

Debemos de aprender a vivir libres de enfermedades mentales y físicas, y cuidando debidamente nuestra salud alejaremos muchos problemas. Lo primero que puede ayudarnos es cuidar que en nuestra casa se consuman alimentos frescos y saludables, y se respiren aires de libertad y comprensión, pues cuando nuestros asuntos nos salen mal por diversas razones, las casas y los lugares favoritos donde descansamos "también pueden enfermarse". En el campo invisible se van creando corrientes de aire maléfico que permanecen vibrando en las estancias y los rincones. Lo ideal para toda la familia es ir creando relaciones armoniosas con todas las personas que nos rodean, en primer lugar los familiares, los hijos, hermanos, madres, padres, también amigos y vecinos, lo mismo que con compañeros de trabajo y discípulos.

Tocando, como siempre, el tema de los niños índigo y cristal, niños íntimamente relacionados con los ángeles, nos referiremos ahora a lo que les ayudará esa limpieza de pensamiento y de los lugares donde nos desenvolvemos. Existe un principio creado en el lejano Egipto, impartido por Hermes, que dice así: "Como es arriba es abajo". Los estudiantes de religiones comparadas percibían fácilmente la influencia de Hermes. Se cree que Abraham obtuvo del mismo Hermes la infinidad de conocimientos ocultos que poseía. "Como es arriba es abajo" quiere decir, según las enseñanzas egipcias, que si nuestros pensamientos se purifican por medio de las enseñanzas espirituales y la práctica de los rituales angélicos, tenemos también que limpiar el entorno, como el hogar que nos cobija y protege. Así también las oficinas, las empresas, las escuelas, etcétera.

Ninguna casa o espacio donde se vive, se estudia y se trabaja debe estar en desorden, porque si es así, lo que están reflejando es el carácter descuidado de los ocupantes. La invocación a los ángeles merece espacios muy limpios donde se pueda respirar libremente. La máxima "Como es arriba es abajo" indica que si el pensamiento es limpio también lo tiene que ser el lugar donde vivimos, que no es sólo la casa, sino también, como decíamos, los espacios de trabajo para los adultos, para los niños y jóvenes la escuela y las universidades, además de los sitios de reunión.

La antiquísima sabiduría del Feng Shui (agua y viento), es también una valiosa ayuda para desalojar de la casa lo que ya no sirve. En nuestra sociedad, inclinada hacia los bienes materiales y atrapada en su mayoría por el estrés, enfermedad de esta época, será benéfico asimilar las nuevas propuestas de la Era de Acuario: cuando disfrutemos de las horas de descanso en casa, sea para todos un verdadero paliativo para nuestros afanes, pesares y cansancio. Así nos convenceremos de que nuestra casa es el reflejo de nuestra propia personalidad. Su imagen y entorno muestra la proyección de ideas, que estamos generando a diario, de toda índole.

El prana es la corriente de energía universal que lo llena todo para que se viva absorbiendo esta poderosa energía, que circula libremente en lugares y espacios limpios, creando belleza y armonía. Físicamente no vemos el prana, pero lo sentimos y lo aspiramos cada instante de nuestra existencia. La filosofía del Feng Shui se ha enseñando desde hace siglos a los chinos. Hoy en día esta costumbre-disciplina se transmite a todo el mundo para ir conociendo a fondo las fuerzas de la naturaleza. Para que mujeres y hombres se detengan un momento en su alocada carrera contra el tiempo y observen las maravillas de la Tierra, las direcciones del viento, los cambios de estaciones, el verdor de los árboles, las formas caprichosas de las nubes y, cuando no hay smog, admiren las tonalidades del cielo. Estas energías creadoras exigen la participación de los humanos, que al parecer se identifican más, comúnmente, con los atractivos superficiales que abundan en las ciudades industrializadas.

La energía, o *chi*, es llamada así por los chinos pero es exactamente lo mismo que el prana, palabra sánscrita de origen hindú. Todo lo llena, lo colma y fortalece, tanto la naturaleza como el cuerpo físico. La creación de todos los mundos y todo el universo se sostienen por el prana y el chi. Estas enseñanzas, que se descubrieron cuando se inició la vida en la Tierra, se han utilizado hasta nuestros días, pero a muchas personas no les llama la atención conocer el origen de las fuerzas naturales que también nos han dado la vida.

De vez en cuando, si se pudiera, un día viernes cualquiera de cada mes se puede realizar el siguiente ritual para la limpieza mental de las casas. Se trata de eliminar los pensamientos que han quedado enquistados hasta en los muros y rincones. Ya que se haya hecho una limpieza general y física de la casa, de la oficina y de todos los espacios que ya se han mencionado, en un braserillo o incensario se irán quemando unas resinas de incienso. El braserillo se pasa por toda la casa hasta los últimos rincones, patios, terrazas, donde se pueda contener ese humo. También los clósets (armarios). Es necesario deshacerse de lo que ya no se utiliza y se está guardando, como ropa, zapatos y tantas cosas que se acumulan en las casas y no permiten que la energía o chi circule. Todas esas cosas también están ligadas a recuerdos a veces buenos o a veces malos, por lo que es necesario eliminarlos, obsequiarlos a alguien que los pueda usar. Es conveniente que todos los miembros de la familia salgan por unas horas de la casa para que no haya obstrucciones y la limpieza se haga libremente. A esta limpieza podríamos llamarla astral, porque se hace para limpiar los campos mentales. Después de haber realizado esta tarea es muy importante invocar a los seres angélicos y ofrecerles un sencillo homenaje, como un ramo de flores, agua limpia y pura o esencias naturales, evitando todo lo que sea industrial. También podemos colocar algunas piedras, como cuarzos rosas o cristales en un lugar dedicado a ellos.

Ritual angélico para la salud de la familia

Si en casa hay problemas como enfermedades infantiles, falta de trabajo, conflictos familiares, etcétera, también es muy bueno aplicar otro ritual. En todos los hogares siempre debe de haber un rinconcito o espacio para disponer de un altar. Existen hermosos cromos de ángeles o copias de pinturas de los grandes maestros, no importa que la imagen sea grande o pequeña, es al gusto de los que ya son practicantes de la angelología.

El trabajo es el siguiente:

Visualizar al ángel de la guarda, recordando las imágenes que se han visto de él en cuadros y cromos. Solicitar suave y humildemente el favor y servicio que se está necesitando. En caso de enfermedad, pedírselo al arcángel Rafael, que comanda varios grupos de ángeles sanadores. Ellos son inspiradores de grandes milagros de curación. Cuando se requiera de cirugías, estos ángeles se corporizan en los sanadores, sean médicos cirujano, homeópatas, curanderos o chamanes. La fe que se deposite en ellos crea los milagros que han salvado la vida de muchas personas.

Prácticas de visualización maestra

Para aspirar a la participación de los ángeles en nuestras vidas y para remedio de nuestros problemas y angustias, debemos también hacer que participen con nosotros niños y jóvenes, lo que les beneficiará mucho en todas sus actividades. La participación de los ángeles en la vida diaria cada vez toma más auge. Los mismos maestros y directores de escuelas de todos los niveles, desde el jardín de niños hasta la universidad, deberían ingresar a estos estudios.

Últimamente, las noticias transmiten hechos lamentables con niños y jóvenes. Esto ha estado pasando en todo el mundo. Si los profesionales de la educación también incursionaran en estas actividades podrían prevenir sucesos de dolor y angustia. También las escuelas requieren de una limpieza psíquica. La visualización también es otro camino para controlar mentalmente lo que no se puede cambiar en la vida física y material. La realidad que vivimos, lo que tocamos y observamos es efecto de las acciones buenas o malas que se han cometido. Es necesario limpiar y purificar todos los ambientes donde se desarrolla el quehacer humano. La limpieza física y el trabajo mental de visualización son tareas que enaltecen a las personas, pues de otro modo, por mucho esfuerzo que se haga para invocar a los ángeles se fracasará, así pueden pasar años y siglos sin que la humanidad respete la verdad de que posee poderes más allá de su cuerpo y sus capacidades físicas. También, por medio de la meditación y la visualización podremos superar nuestros malos hábitos y la incredulidad fría y materialista que lleva a las personas a sufrir fuertes depresiones.

Ritual de protección corporal y espiritual

La preparación es la siguiente: elegir al ángel que te corresponda según tu signo. En el apartado de la astrología y su relación con la clasificación de los ángeles y los niños encontrarás esta información.

Primero, haz una lista de lo que deseas que aparezca en tu vida. Este ejercicio es especial para los padres de familia, para los directores y maestros de las escuelas, para los que practican deportes y para toda clase de guías, líderes y profesionales de la educación que sean dirigentes de grupos estudiantiles.

El tema de los niños índigo-cristal es ahora de gran relevancia. El poder de la vibración que rige la Era de Acuario, o lo que es lo mismo, la Nueva Era, nos brinda un universo de información al respecto. Es el tiempo de adiestrarse para despertar los poderes con los que hemos sido creados, las cualidades psicológicas que gracias a esta era de luz se están desarrollando con mayor facilidad. Quienes avancen en estas prácticas serán los llamados para merecer la influencia angélica, lo que también facilitará mucho las manifestaciones de los niños índigo y cristal.

En la noche, cuando todos los ruidos han cesado y las personas se disponen a descansar, se inicia el ejercicio de la relajación de pies a cabeza, vigilando que no haya ningún músculo tenso. Después se elegirá un tema, el de más importancia para ti. Por ejemplo:

1. Problemas con los empleados y trabajadores por varias causas. Esto se refiere a los empresarios, a los jefes de oficina, comerciantes, etcétera. Ver los problemas con todo detalle. Examinarse a sí mismo, si es que su conducta no ha sido del todo positiva o si son débiles de carácter. En todos los casos, trabajar los aspectos débiles; si se cometen injusticias, programar eliminarlas, entre otras cosas.

2. Los conflictos laborales, sean los que sean, se deben contemplar con imparcialidad.

3. En estas meditaciones el alma se debe desnudar, porque si no será un trabajo infructuoso y los problemas, en lugar de eliminarse, se agigantarán.

4. La misma persona que se niega a ver sus errores e injusticias cierra todas las puertas a las soluciones y crea karmas personales y colectivos.

5. Directores y maestros de escuelas y universidades de todos los niveles también deberán de invocar a las huestes de los ángeles guardianes y visualizar la solución a los problemas. Una vez que haya hecho un autoanálisis para detectar si su actuación ha sido honesta o no, para contra-

rrestar las malas inclinaciones se deberá de ver el defecto a plenitud y tratar de desvanecerlo e implantar su opuesto. Estos trabajos se deben realizar continuamente como una tarea diaria y obligatoria. El grado de honestidad y el deseo de querer progresar espiritualmente será reforzado por las energías angélicas que siempre responden cuando se solicita su auxilio en casos desesperados y, aún más, cuando el ser humano se sienta impotente y derrotado, pero también arrepentido de alguna mala acción o pensamiento.

10. Galería de genios índigo del pasado

Se habla mucho de los genios índigo del pasado. Para citar algunos, mencionaremos a Einstein, Napoleón Bonaparte, Henry Ford, Van Gogh, Galileo. La lista es muy larga y es muy probable que sobre todos estos personajes, que han sido seres de gran inteligencia, podrían llenarse algunos tomos de libros. Queremos también mencionar a los grandes genios que ha dado México. Hablaremos en primer lugar de Cuauhtémoc. La civilización azteca no terminó por decadencia, sino que fue destruida por los conquistadores. El tema nos hace citar continuamente a los atlantes y todas esas historias fantásticas sobre ellos que para algunas personas son leyendas pero para los investigadores metafísicos son una realidad. ¿Fue Cuauhtémoc la reencarnación de un personaje de la Atlántida? A sus seis años de edad fue educado para ser obediente y laborioso. La devoción hacia los dioses era una rígida disciplina. A tan temprana edad se le explicó que había nacido para la guerra. Desde muy pequeño destacó en todo lo que se le ordenaba. Remaba con gran habilidad en los canales. Fue así como se desarrolló en él el poder de Titán. Al cumplir los trece años, se le explicó que ya estaba en edad de conducir su propio destino. De acuerdo con el códice Mendocino, todos los adolescentes de aquella época tenían que internarse en solitarios bosques para traer leña y carrizos para el servicio de la casa, también, remar lago adentro para pescar peces blancos y truchas de la laguna.

Cuauhtémoc admiraba la belleza de su patria. Le gustaba apreciar el olor a resina en los bosques de pinos. Le gustaba observar la majestad de los volcanes nevados. Él iba a convertirse en el gran señor de Tlatelolco. Su tarea, en aquellos tiernos años, era aprender ciencias, artes y los misterios de la religión. Así se desarrolló el poder del Titán. A los quince años se le ordenó cruzar el recinto del templo mayor. Lo hizo y con gran firmeza. Cruzó el pórtico y la muralla de serpientes que lo protegían. Sólo accedían al calmécac los jóvenes elegidos por los sacerdotes que los instruían. El aprendizaje que se impartía en el calmécac consistía en el dominio de artes bélicas y artísticas, y el estudio de los símbolos y misterios de la religión. El calmécac era colegio y monasterio a la vez. Estos elementos se asemejan mucho a los de los templos atlantes, según las descripciones de los investigadores sobre las antiguas civilizaciones.

Don Miguel Hidalgo y Costilla puede también, sin temor a equivocarnos, agregarse como un niño índigo destacado. Según las crónicas, el pequeño Miguel tenía unos hermosos ojos verdes, muy tiernos y grandes. Coincide con las características de los niños cristal en combinación con un índigo. Su inteligencia dejaba sorprendidos a sus padres y a quienes lo conocían. Su destino ya estaba escrito y, a propósito de los ángeles, Hidalgo era un destacado teólogo. Él impartía clases de esta materia y su religiosidad era muy profunda. Creía que las potencias espirituales escuchaban sus peticiones y oraciones.

Si observamos los hechos históricos, podemos percatarnos de la sincronización de misteriosos acontecimientos que ocurren en la vida de don Miguel Hidalgo. Él luchó contra la injusticia y la ignominia. Defendió con su vida sus ideas y con sus luchas logró hacer triunfar la independencia del país. (Está claro que fue un niño índigo, sobre todo si vemos que la coronación de su victoria ha quedado para la posteridad en el Ángel de la Independencia, elevándose una guirnalda de triunfo en honor a este importante personaje en la historia de México y a los héroes que le acompañaron en la gesta. Aquí vemos claramente y sin sofismas la relación que existe entre un genio índigo y el bello ángel que domina las alturas en el Paseo de la Reforma de la ciudad de México.

Siguiendo con los niños índigo, entre los genios mexicanos destaca también el Benemérito de las Américas, Benito Juárez. La historia nos relata todas las dificultades y angustias que pasó desde niño, pero nunca se dejó vencer por las circunstancias ni por un karma que para otro ser hubiera sido una derrota. Desde pequeño, Juárez manifestó una inteligencia superior, un valor imposible de concebir en un niño tan chico y en las condiciones más complicadas que puedan existir. Su récord de vida seguramente lo había enfrentado a experiencias de sabiduría, como lo demuestra el hecho de ingresar a la masonería y adquirir el grado 33. Él se inclinó, desde muy joven, a investigar los misterios de la espiritualidad. Fue un político honesto que nunca quiso enriquecerse a costa de los bienes de la nación. Hasta el lápiz que utilizaba lo compraba con su modesto sueldo. Es un ejemplo para ciertos políticos de la actualidad. Vivió modestamente al igual que su familia, obedeciendo siempre los preceptos masónicos.

Francisco I. Madero nació en el año de 1873. Fue un niño enfermizo que comía muy poco, por lo que sus padres pensaron que a eso se debía que era muy pequeño de estatura. Sin embargo, con el paso del tiempo, a pesar de su corta estatura fue un hombre muy destacado y rico. La familia de Francisco gozaba de poder social, gran posición económica y prestigio.

Él, a pesar de todas aquellas comodidades, veía los marcados contrastes entre los ricos y los pobres y sintió el deseo de ayudarlos, de ofrecerles educación y justicia. Poseía bondad y tendencia a la filantropía. Creía firmemente en la ley de la reencarnación y para él fue muy importante estudiar los misterios espiritistas. Sus padres le inculcaron la religión católica, la que siempre respetó, y había tenido contacto con libros que hablaban del destino y del karma. Precisamente esa ley ineludible de la reencarnación atrajo hacia él a la mujer que iba a ser su esposa. Sara, una mujer muy noble y bondadosa, fue su pareja kármica. Ellos se casaron el 26 de enero de 1903 en la Ciudad de México. Sara era una mujer delicada, noble; su corazón estaba lleno de ternura. Apoyaba en todo a su esposo. Lo único que entristecía sus vidas era la imposibilidad de tener hijos. Tal vez por eso Madero era un protector de niños y jóvenes desamparados.

Sin abandonar su fe católica, Madero se inscribió a una revista espiritista que circulaba en Europa y se comunicó con cadenas de espiritistas que invocaban a personajes ya fallecidos y también a los santos. Lo que llamó poderosamente la atención de Madero fueron los artículos sobre el karma y la ley de la reencarnación. Por aquellos años, antes de entrar de lleno a la política, un tío de Francisco I. Madero enfermó gravemente. El sobrino solicitó al mundo celestial que el paciente recobrara la salud. Curiosamente, había fracasado como médium, pues había visitado varios círculos de espiritistas tratando de desarrollar tal capacidad sin conseguirlo; esto lo desilusionó mucho, por lo que renunció a seguir insistiendo en volverse médium.

Una noche, cuando velaba el sueño de aquel querido tío, Madero sintió que una fuerza extraña, sobrenatural, movía su mano derecha con gran rapidez sin que en ello interviniera su voluntad. Interpretó aquella experiencia como los mensajes de seres elevados que le aconsejaban realizar obras piadosas. No sabemos si los consideró como ángeles o santos. Pero lo que sorprendió a Francisco I. Madero fue que, después de esta experiencia, su tío salvó la vida no obstante que tenía un pronóstico de muerte.

Aquella experiencia le hizo sentir que se había encontrado a sí mismo y su alma se inundaba de piedad para hacer el bien a sus semejantes. Así, decidió alternar la lucha política y al mismo tiempo aprender la filosofía espiritista de un modo efectivo. Tal vez si él hubiera querido abandonar la política para dedicarse completamente a los estudios metafísicos habría salvado la vida; pero los seres humanos, mientras no sepamos cómo enfrentar la adversidad y los peligros, tenemos que llegar a las citas que ha programado nuestro destino. Madero alcanzó gloria y grandeza. La noche que salvó la vida de su tío, ¿se habrá debido a que en su fe y gran bondad canalizó a los ángeles de la curación comandados por el arcángel Rafael, por medio de la escritura automática?

Sor Juana Inés de la Cruz (1651-1695) fue también una niña índigo y genial. La excelsa poeta mexicana cultivó en su tiempo una extraordinaria fama que se esparció por España y América. La relación que pudo haber tenido con las energías angélicas es muy probable ya que su fe religiosa era sincera y profunda.

A los tres años, ella aprendió a leer y a escribir perfectamente y desde esa edad manifestó una inteligencia superdotada. A los 17 años, la genial adolescente sufrió porque los exámenes en aquellos tiempos eran tortuosos y de rígida disciplina. Un examen público de todas las facultades ante 40 profesores de la Universidad Teológica, escribanos, filósofos, matemáticos y humanistas, y a todos ellos los dejó llenos de asombro, estupefactos. La celda que habitaba en

Los ángeles guardianes de los niños...

el convento de San Jerónimo, en la Ciudad de México, era un espacio de academia, de libros e instrumentos de música y de matemáticas. Una mujer religiosa, que la observaba y deseaba conducirla, le prohibía terminantemente que se enfrascara en la lectura de libros. Sor Juana tenía considerada a la religiosa como "santa y cándida". Estas palabras dibujaban en su boca una irónica sonrisa.

Ya que la rodeaban de tantas prohibiciones, la poeta tuvo que obedecer y dejar los libros. Ella pensaba que todo lo que Dios creaba merecía estudiarse directamente. No perdía la fe ni el entusiasmo, y así se embelesaba con la naturaleza. Consideraba cada una de las bellezas naturales como libros donde aprendía y apreciaba las maravillas de la creación.

¿No es probable que ante las confesiones de Sor Juana y su indefensión las influencias angélicas le hayan transmitido protección e inspiración para sus obras?

Sobre el niño Diego Rivera, infante terrible y espectacular, no sabemos si los ángeles influyeron en su talento creativo o a lo mejor fueron algunos duendes traviesos; lo que sí es cierto es que este hombre, nacido bajo la constelación de Sagitario, era franco y hasta salvaje. Siendo ya una gran figura de la plástica mexicana, un discípulo le preguntó, a propósito de los niños:

—¿A usted, maestro, le gustan los niños?

—¡En escabeche son deliciosos! —respondió, mostrando una pícara sonrisa.

¿Diego habrá sido pintor en otras vidas?, se preguntan

algunos esoteristas y admiradores del artista. Se puede pensar en esto ya que a los diez años ingresó a la Academia de San Carlos. Sus trazos en el lápiz y el papel ya anunciaban, en aquel entonces, al genio.

¿Qué tipo de espíritu animaba el cuerpo de aquel hombre que se decía feo, que misteriosamente atraía a las mujeres, las más de ellas hermosas, que aparte se enamoraban de él?... Su físico le valió el mote de hombre-rana. Tuvo muchas mujeres pero su pareja kármica fue Frida, quien dejó en él, después de su muerte, una profunda huella.

Frida Kahlo, la niña índigo sufrida

El valor numérico de cada letra del alfabeto tiene influencia sobre los nombres propios. El nombre Frida, además, es parte de "sufrida". Ella sufrió un terrible accidente que la hizo padecer toda su vida. (Como vemos, la parte dramática del hombre se repite.)

Todas las circunstancias fueron coincidiendo para que Frida y Diego se encontraran. Los unió el amor y el arte. La cita kármica ya estaba programada para que ella cumpliera dolorosamente con esa ley del destino, que le hizo sufrir un espantoso accidente aunque, por otro lado, el hecho de pasar tantas horas en la inmovilidad la obligó a superar la amarga experiencia, y fue así como se convirtió en una gran pintora de caballete. Ahora, en años recientes, sus cuadros se cotizan en altos precios. Uno de sus famosos autorretratos, realizado en el año de 1929, fue vendido por más de 5 millones de dólares en una subasta de arte latinoamericano en Nueva York.

Los niños y genios índigo han influido profundamente en nuestro mundo. Entre ellos también podemos incluir a Francisco Goya, pintor; Mozart, músico; Beethoven, John Lenon, Rodin, Camilla Claudel, esta última gran escultora que sufrió de discriminación machista, pues a pesar de ser una gran artista y compañera de Rodin caminó por laberintos de oscuridad y desconocimiento de su enorme talento. Hay muchos más que por falta de espacio no se pueden mencionar.

Los niños índigo que han destacado en las artes en todas las épocas han recibido influencia de dimensiones superiores a las que vivimos nosotros. La mente humana tiene que ir abriendo los canales para recibir los mensajes de los coros de ángeles que nos ofrecen su talento para protegernos y capacitarnos en todas las actividades humanas.

Decíamos que nosotros podemos contemplar y admirar a los ángeles en las obras religiosas, donde escriben los archivos del Cielo con sus plumas de ave, interpretando música con variados instrumentos como son flautas, arpas, mandolinas, clavicordios, etcétera.

¿Cómo no van a maravillarnos esos seres luminosos, si crean arte en las nubes y en los cielos, además de regocijarse en espléndidos paisajes y ofrecer su legado a través de otros seres especiales, constructores de mundos y galaxias?

Índice

Introducción	7
1. Niños índigo	15
2. Niños cristal	37
3. El mundo interior de los niños índigo y cristal	43
4. La esfera celeste y su armonía con los niños índigo y cristal	49
5. Los misteriosos chakras y los niños de la Era de Acuario	59
6. Cómo relacionarse adecuadamente con los niños índigo y cristal	71
7. Testimonios	77
8. Canalización de los ángeles	99
9. El medio ambiente y los niños índigo y cristal	107
10. Galería de genios índigo del pasado	135

Los ángeles guardianes de los niños índigo y cristal, de María Luisa López Castro, fue impreso en mayo de 2007, en Q Graphics, Oriente 249-C, núm. 126, C.P. 08500, México, D.F.

Made in United States
North Haven, CT
03 October 2022